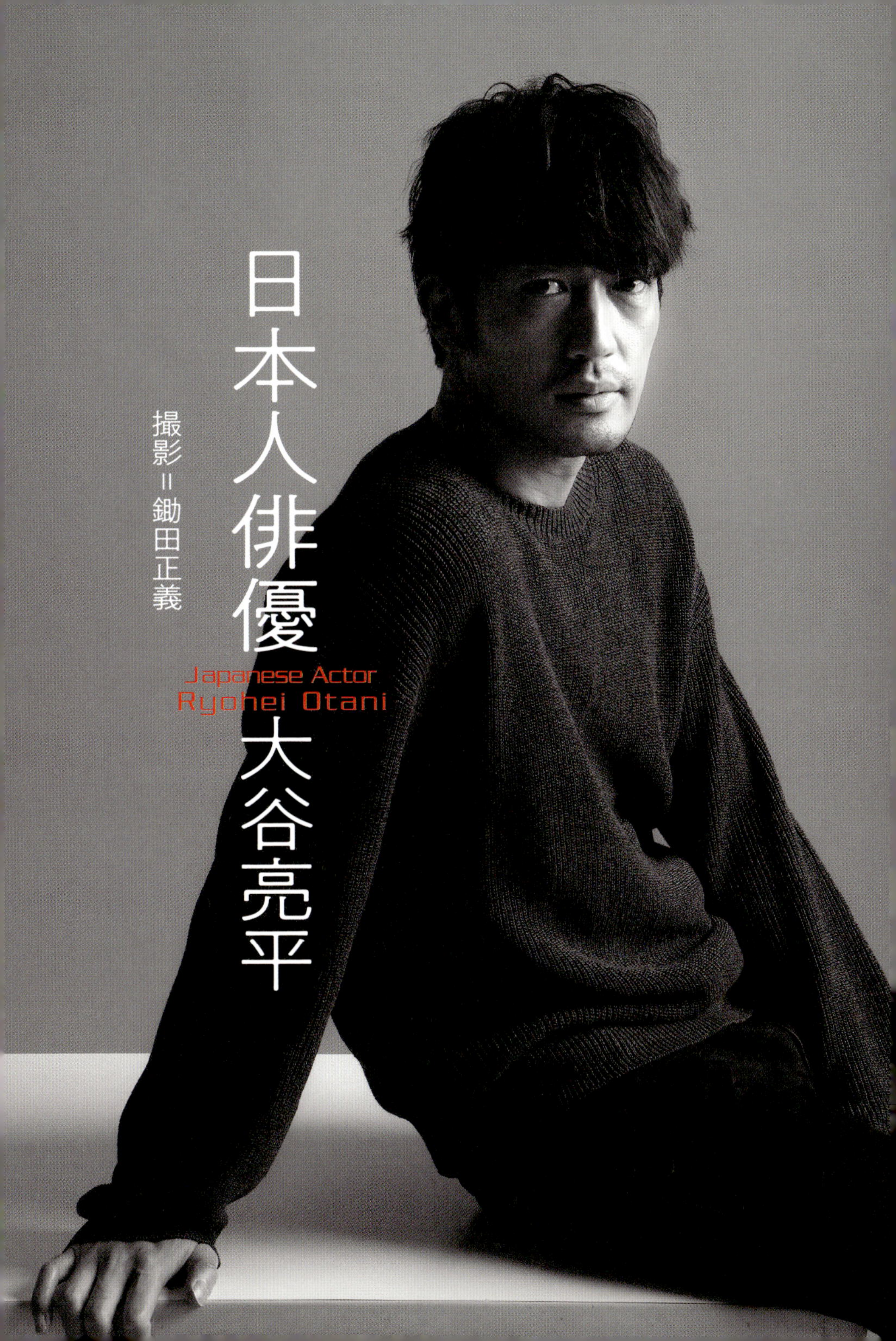
日本人俳優
Japanese Actor
Ryohei Otani
大谷亮平
撮影＝鋤田正義

日本人俳優

Japanese Actor
Ryohei Otani

大谷亮平

構成＝若松正子

Japanese Actor
Ryohei Otani

目次

CONTENTS

関西人っぽくない大谷家

僕、大阪生まれの大阪育ちなのに、あんまり関西人っぽくないねってよく言われるんです。でも、子どもの頃はいまと正反対で毎日、ふざけてばっかりいたんですよね。

わんぱくというか、とにかく元気があって、いまもそうですけど体を動かすのが好きだったので、家に帰ったらランドセルを放り出して、すぐに友達と野球をしにいったりドッジボールをして外で遊び回っていました。だから、家で静かにしていた記憶がほとんどないんです。元気がありすぎるってことで、見かねた友だちのお母さんが小学校の4年ぐらいのときにバレーボールを始めさせたんですけど、それが見事にハマって。結局、大学まで続けることになったので本当に合っていたんでしょうね。

学校でもうるさい子で、クラスの中心になる人気者タイプでした。率先してバカやって笑いを取るような、めちゃめちゃひょうきんな子どもで授業中に先生に指されたら、パッと立って、ポール牧さんの〝指ぱっちん〟をやるみたいな（笑）。その頃、それが大流行していたんだけど、いまじゃ考えられないぐらいお調子者でした。

でも、中学生になった途端、ガラッとキャラが変わったんです。べつに変わろうと思ったわけじゃなくて、ごく自然に落ち着いてしまった。なんなんでしょうね、あの変化は。もういいやって思ったのかな。いまでもおもしろいことをやったりバカやるのは嫌いじゃないけど、パワーがいるからしんどいじゃないですか。あのときも「もういいや」って、ふざけるエネルギーを使い切ったのかもしれないです（笑）。

うちは両親もいわゆる大阪のおとん、おかんというタイプではなくて。母親は元々、高知県出身なので、しゃべりもいまだに家では高知弁なんです。しかも学校の先生をやっていたせいもあって、ザ・大阪のオバちゃんって感じでは全然ない。テレビとかに出るのもNGで、1回、僕が出たバラエティ番組か何かで出演の依頼があったときも「ダメ！」「イヤ！」と言ってましたし、実際にほとんど出たこともありません。教師だったから人前に立つのは慣れていると思うんだけど、メディアに出るのは恥ずかしくてとにかく嫌みたいです。でも、性格はすごく明るくておおらかで本当に太陽みたいな人で。さらに天然だから生徒からもすごく人気があったみたいですよ。

父親は普通のサラリーマンで、関西ノリのふざけている感じの人ではないんですよね。むしろ、すごく真面目なタイプだと思います。

それに、何でもおおらかな母親とは対照的で、すごくキッチリしていました。特に衛生面にはうるさくて、家に帰るとすぐ「足と手を洗え」って言われるんです。しかも、「外で踏んだところはもしかしたら犬がおしっこをしているかもしれない」とか、「お金をさわった手は汚い。どういう人が持っていたかわからない」とか、神経質というか「こうだからこう」って理屈と想像力がすごい（笑）。確認事項もキッチリしないと気がすまないタチで、電話番号を口頭で伝えるときは何回も復唱させられるんですよ、オペレーターみたいに（笑）。

子どもの頃は父親のそういう細かいところが嫌だったんですけど、不思議なもので気づくと似ちゃうんですよね、親子って。時間や礼儀にうるさいとことか理屈と理論でまず考えるところとか、僕もどんどん父親寄りになっている。

理屈と理論のＤＮＡ

例えば家族でテレビを観ているときとかも、マナーが悪かったり人としてどうなの？　とか思う人が出てくると、僕と父親は「なんであんなことするんだろう？」って、ツッコミたくなるんですよ。でも母親は「放っておきなさい、あなたがちゃんとしていればいいんです」と言ってピシャッと切っちゃう。そう言われると「確かにオレは誰に文句を言ってるんだろう？」と思うんだけど、ついつい分析したくなるっていうか。昔、韓国でつき合っていた女性とも、それが原因で大ゲンカになったことがありまして……。

ワールドカップで韓国がどこかの国に負けたとき、僕、聞かれてもいないのにその女性に「あそこはもっと点差をつけられてもおかしくなかった。1点差で負けたのはまだマシだった。なぜなら……」って、僕なりの分析を始めてしまったんですよ。そしたら「なんでいちいちそういうことを言うの。〝残念だったね〟ってそれだけいいじゃない」ってめちゃくちゃ怒り出してしまって。そのときはこういう場面で分析とか理屈を言っちゃいけないんだなって学びました（笑）。でも、物事の理由づけとか解決策を考えたがるのは多分、父親譲りなんでしょうね。

性格以上に顔や雰囲気もそっくりで、映画『焼肉ドラゴン』に出たとき、父親の妹、つまりおばさんが、僕を観て親父の若い頃かと思ったと言っていたんですよ。自分でも、普段は自覚がないけど、言葉を発したあとの息づかいとかちょっとした表情とか、すっごく似てきたなって思う。完全に親父のほうのＤＮＡを受け継いじゃいました（笑）。

家族はほかに2つ上の姉と5つ下の妹がいて。子どもの頃はケンカもしましたけど、基本的にずっと仲はいいです。妹なんかは5歳も離れているから子どもの頃から可愛くてしょうがなかったし、姉と妹と僕の3人のＬＩＮＥグループもあって今でも毎日のようにやりとりしています。周りからは仲がよすぎて、ちょっとヘンだって言われるんですけど（笑）。

よく、女2人に挟まれていると「免疫ができているから女性に対して人見知りしないよね」とか「女性の扱いに慣れているんでしょ」と言われるんですけど、僕はそうでもないんですよ。女性が外でどんなに着飾っていても家にいるときは違うとか、女兄妹がいない人よりはわかるかもしれないけど、実際に女性を見るときの参考にはならない。僕にとって姉と妹は家族であって女性じゃないですから。そこは別モノですよ、やっぱり。

好きになった女の子について姉や妹から口を出されることも特になかったです。かといって隠していたわけでもなくうちはオープンでしたね。母親にも全部、話していたし。ただ、僕の場合、高校に入ると完全に生活がバレーボール一色になってしまったので、恋愛とかまったくなかったんですよ。家族も週末は全員で僕の試合を観にくるのが年中行事みたいになっていて。みんなで予定を合わせて応援しにきてくれたし、それを楽しんでくれてるという感じで、家の中も外もバレーが中心だったんですよね。

バレーに関しては実は家族の中でいちばん、父親が評価してくれていました。というのも、スポーツって結果がハッキリ出るから、実力があるのかないのかわかりやすいじゃないですか。しかも、僕は中学の頃までは、自分で言うのも何ですが……大阪で一番と言われるようなエースだったので「大阪一ってどういうことかわかるか。大阪の人口を考えたらすごいことだぞ」とか理詰め理詰めで説明してくるっていう（笑）。予想以上にバレーで活躍できたことについては、僕より父親のほうが驚いていましたね。

だから、僕以上に僕がプロのバレー選手になることを夢見ていたと思います。でも、物事をすごく現実的に見る人でもあるので、周りとの身長差とかレベルの違いとか、通用しないことがだんだんわかってきて。それもしっかり冷静に判断して、ダメなものはダメだって割り切る……というのがうちの父親なんですよ。

俳優になってからも多分、いちばん喜んでくれているのは父親ですね。ここでもまた「大阪一とは……」って理論が出てくるんですけど、ドラマに出るとか映画で主演をやるとか確率で考えると、ほんの数%の可能性じゃないですか。僕自身はこの世界にいて、自分よりすごい人をたくさん見ているから逆に麻痺してわからなくなっていますが、父親は「日本中の人たちの中であそこに出られるのは何人いるのか」という考え方をする人ですから余計、奇跡みたいで信じられないというか、しかもそれが自分の息子ってことでめちゃめちゃ嬉しいと思ってるみたいです。

母親はそこまで考えていなくて。「ドラマに出られたんだー」みたいな（笑）、父親の半分ぐらいじゃないですか、驚きは。姉と妹も性格や考え方が母親寄りなので、喜んでくれていますけど、弟（兄）が俳優で頑張っていて、その成果が嬉しいぐらいのユルいテンションで、特に自慢するとかもないみたいですよ。韓国で活動していたときも母親はいまいちピンときてなかったみたいで。自分の周りの韓流ファンの知り合いから「息子さん、すごいね」って騒がれて、そこで初めて「はぁ、すごいんだ」と思ったらしいです（笑）。

この間も母親に電話したら、ちょうどその日が僕の出ているドラマ『ラストチャンス』のオンエアの日で。僕もうっかり忘れていたんだけど「お父さんは毎週、とても楽しみにしているよ」って言ってましたね。僕が出ている番組は全部観ていて、インスタもチェックしているらしく、ドラマなんかはＤＶＤに焼いて何十回も観ているらしい（笑）。でも、実家に帰っても、僕にはあまりそういうことは言いませんね。男親っていうのはそんなものだと思うけど、夕食を食べているときにボソッと「あのドラマはおもしろかった……」なんて言うぐらいです。
だから、僕が朝ドラに出ると決まったときもいちばん、びっくりして喜んでくれたのは父親ですよ。多分、放送中はそれが生き甲斐になるんじゃないですかね。

ただ、僕としては父親と同じように朝ドラを観てもらいたかったのは少し前に他界した祖父母なんです。こんなことを言うとちょっと〝イイ話〟っぽくて嫌なんですけど……。でも、小さい頃からすごく可愛がってもらって、この世界に入ってからも僕が活躍するのをずっと楽しみにしてくれていたんですよ。で、やっぱり祖父母の世代に受けるのって朝ドラとか大河ドラマとか、NHKのドラマじゃないですか。そこに自分の孫が出ているのを生きているうちに観てもらえたらきっと喜んでくれただろうなと。それだけは心残りなんですよね。

すべては挫折から始まった

僕のこれまでの人生で最初にして最大の挫折は、子どもの頃からの夢だったバレーボールの選手になれなかったことなんです。大人になって俳優をやっているいまでも、その挫折感は残っていて引きずっている部分がすごくある。どこかでいつも「自分は結局、たいしたヤツじゃないんだ」って想いがあって。何をしても、どこに行っても、すべてそこから始まっている気がするんですよね。

それまでは「オレはダメだな」って限界を感じたり劣等感を味わうことが特になかったんです。外見とかも、周りからいつも「男前やねえ」って言われ続けていたので、小学生の頃は自分でもなんとなく「そうなのかな」って思っていたフシがあったりして（笑）。ま、子どもの頃の話ですけど。

バレーボールは小学4年生の頃から始めたんですけど、好きだったこともあって、同年代の子に比べて上達が早かったんです。それがおもしろくて頑張るからさらにまたうまくなるって感じで、どんどんよくなっていく。背もぐんぐん伸びていたから、体格的にもテクニック的にもひとり飛び抜けているって感覚でした。

それがピークに達したのは中学でしょうね。この頃はもう完全に無敵状態で打てば決まる時代。ほかの中学でも評判になっていて「大阪の西山田の大谷だ」ってもてはやされていて、『スラムダンク』の海南の牧みたいな感じ（笑）。本当に漫画の世界みたいでした。だから楽しくてしょうがなかったし、「オレが一番、オレのプレーを早く見せてやりたい」くらいの気持ちでずっとやっていました。逆にチームメイトが試合前とかに緊張していると、「お前ら、ちゃんと練習しないからだ！」ってイラだってぶつけたこともあって、すごいワンマン。中学生ぐらいって自分のいる世界がすべてというか、世界の中心は自分とその周りぐらいじゃないですか。だから、自分の強さを疑いもなく信じ切っていてとにかく自信満々。僕はあんまり感情を外に出すタイプではないんだけど、あの頃は度を越していましたね。

でも、女の子にすごくモテるタイプでもなかったし、自分から近づいていくタイプでもなかった。本当に（笑）。バレーがうまいとそれなりに寄ってきてくれる子はいるんだけど、10代の頃はちょっと硬派を気取っていたというか。つねに女子とは一歩、距離を置いてツーンとしちゃうんです。だから、結局、何もないまま終わっちゃう。でも、同じバレー部でも僕と正反対なタイプはいるんですよ。試合に行くと他校の女子と知り合って遊んでいるヤツとかいっぱいいました。モテるのはやっぱりいまも昔もそういう社交性のあるタイプじゃないですか。僕はバレー一筋というとカッコつけすぎだけど、モテたってバレーがへたじゃしょうがないだろうって思っていましたね。

あのまま大人になっていたら、相当調子に乗った人間になっていただろうなって、いま思うとちょっと怖いんですけど、当時は心底、バレーで生きることを夢見ていたし、自分はできるって純粋に思っていたんですよ。

でも、高校に入ったら伸び切っていた鼻が見事にポッキリとへし折られた。それまでの自信なんて薄っぺらかったんだなって思い知らされたわけです。

僕が進学した清風高校はバレーの名門校だったので、バレー部に入ってくるヤツはレベルが高いし、とにかくデカいんですよ。僕、身長が180㎝で、中学では大きかったけど、高校レベルになると185㎝超えなんか当たり前で。190㎝台がそこらへんにゴロゴロしているし、先輩の中には2m近い人もいて。180㎝そこそこの僕なんか「あ、でけぇ……」って見上げる感じで、もう圧倒されるわけです。しかも、動けない高身長じゃなくて身体能力もめちゃめちゃ高いという。そこまであからさまな差を見せつけられると、その時点でもう軽くあきらめが入ってくる。僕がその人たちより全然、跳べるとか、技術的に勝っていたらまた話は違っていたんだろうけど、この身長で勝ち抜けるぐらいの身体能力もなかったので、高校の後半あたりから、すでに「無理だな」とうっすら思っていましたね。

ただ、そこでバレーをやめようとは考えなかった。一応、夢を見て高校に入っていますから、その中でどう生き残っていこうか、どうしたら上に行けるかやっぱり考えるわけですよ。で、身長が低くてもできるセッターを目指そうってところに行き着いた。しかも、当時は国体の大阪府代表選抜チームのメンバーに選ばれないといけない事情もあって、そのためにはセッター以外の選択肢はなかったんですよね。

どういうことかというと、高校2年の途中ぐらいになると大学進学の話になるんですが、僕はバレーばっかりやっていて全然勉強していなかったから、スポーツ推薦に頼るしかなかったんですね（笑）。で、いい大学に行くにはスカウトされないといけない。そのためにはとりあえず実績が必要というか、どれだけうまくても基本、全国でベスト8に入ったという実績がないとスカウトしてもらえないんです。でも、清風高校はその年、インターハイで上位に行けるほど強くなくて、その実績が作れない。唯一、実績を作れるのは大阪府代表選抜チームのメンバーとして国体に出て、そこでベスト8になるという道だったんですよ。

でも、ここでラッキーだったのは中学の頃からずっと僕の面倒を見て可愛がってくれていた、ある高校の監督が、たまたまそのときの国体の選抜チームの監督になったことで。実は僕、その監督から「うちの高校に来てくれ」と言われていたのにそれを蹴って清風高校に行っちゃったんですね。でも、選抜監督になったときにまた僕を呼んでくれて、しかも「お前、キャプテンやれ」って言ってくれたんですよ。なんでそこまで僕を買ってくれたのか、いまでも謎なんですが、監督のおかげであとはもう、ベスト8に入ればいいって状態で国体に出場できたんですよね。

ただ、結果を先に言うと、負けちゃったんです、ベスト8になる前に（笑）。これは言い訳になってしまうけど、僕以外の選抜メンバーは、みんな自分の高校でインターハイに出場していい成績を残していて、すでに大学も決まっていたんですよね。だから国体は消化試合ってわけじゃないけど、切迫感がないから気持ち的にはテンションがちょっと下がっていて。「ここで負けたらあとがない」「実績作らなきゃいけない」って状況だったのは僕だけだったんです。その温度差は一緒にいても感じたし、しかも、いきなり全国1位の埼玉のチームと当たってしまって、まぁ、実力の差はあきらかでしたね。

ともかく国体で負けた瞬間に、予定していた大学からのスカウトの話はなくなってしまいまして。でも、ここでまた奇跡というかラッキーというのかある大学のバレー部から「うちに来ないか」って声が掛かったんです。で、とりあえず大学に行けるし、バレーも続けられることになったっていう。そこらへんは導かれているというか、不思議な縁を感じましたね。

必要な人が必ず現れる

その大学のバレー部は大学トップクラスの一部リーグなので、卒業後はそのまま企業の実業団チームに入る人も多いんですが、正直僕は入学した時点で、そこまで行くのは無理だなってあきらめている部分はありました。でも、ずっとバレーが好きで、それだけをずっとやってきているから「ここから上に行くのは難しい」ってわかっていても、そこでアッサリやめるということができない。そもそもスポーツ推薦で大学に入っていますしね。そういう意味ではすごく中途半端な状態だったんだけど、幸か不幸か一部リーグぐらいになると高校の部活とは違って、むしろ練習があまり厳しくないんです。各自の自主性を重んじているので。しかも、レベルが高い人たちばかりで僕はレギュラーになれなかったから、そんなに負荷がかかってなかった。そういった状況も、いま考えると運がよかったのかなと思うんですね。例えば最初にスカウトされる予定だった大学だと、レベル的にその大学より下だったので多分、自分は主力になっていたと思うから、もっと頑張らないといけなかったはずなんですね。つまり、バレーで飯を食っていけないとわかっていながらも必死にならないといけないっていう、これはこれでキツかったかなと。

その点、大学は僕よりすごい選手ばっかりだったから、自分がなんとかしなきゃいけないっていうプレッシャーは感じることもなかった。ま、レギュラーではないとはいえ基本、練習は毎日あるし、休みのときは合宿もあって、なんだかんだ全国を回ったりもしていたけど、その合間には短期でバイトもいろいろやっていたし、結果的にバレーを楽に続けられる環境にいられたんですよね。

甲子園を目指す高校球児なんかだと、野球推薦で入ったのにたいして活躍もしないと部にいづらくなってやめちゃうとか、そういう話はよく聞くけど、大学では特にそういう居心地の悪さもありませんでした。

練習はサボらずやっていたけど、目的意識を持ってすごく必死にやるわけでもなく、かといってほかに何かできることがあるわけでもなく。いま振り返っても「あの4年間は何してたんだろうなぁ」ってちょっと思う。とはいえ一部リーグのレベルですからね。気持ちがあまり入っていなかったとはいえ、しっかりやったことでバレーのスキルは上がったと思うし、4年間それを維持できたことも自分の中では大きい。いまもクラブチームでバレーを続けていられるのは大学までやり切ったおかげだと思いますけどね。

一定以上の大学のレベルのバレー部ぐらいになるとレギュラーではなくても就職にプラスになるんです。Vリーグとか強いチームじゃなくても、それなりにバレー選手としての引きがある。卒業後もバレーをやりたいって人たちはみんなそっちに流れていったんじゃないかな。僕はその気持ちもなく、でも、普通に就職活動をする気にもなれなくて「何とかなるんじゃないの」みたいな（笑）、いま思うと、かなり行き当たりばったりな感じでした。

モデルの仕事をやろうかなって思い始めたのは「卒業したらどうしよう」って漠然と考えながらカフェでバイトをしていた大学4年のとき。一緒に働いていた先輩がモデルをしていて、その人に誘われたんです。でも、その先輩はパッと見た瞬間、誰もが「おっ」って思うぐらい、めちゃめちゃカッコよくて。それに当時、僕が想像していたモデルというのはパリコレとかに出るような、身長が185㎝以上あって完璧なビジュアルを持った人ってイメージで。その先輩を見ていても、モデルをやるような人種と自分は違う世界にいるんだという感覚でした。でも、彼と話していたら「いや、全然イケるよ、大谷くんも」と言ってくれまして、そのひと言はすごく大きかった。「じゃ、やってみようかな」って、めちゃくちゃ単純なんですが、なんとなくその気になってしまって（笑）。すぐに東京のいくつかのモデル事務所に履歴書を送ったらほぼ全部受かっちゃったんですよ。そのときは「あ、先輩の言ったとおりになったわ」って、実感があるようなないようなフワフワした感じで、まぁ、滑り出しとしてはかなり順調だったんですよね。

だから、一部のネット記事では「モデルの仕事が忙しくなってバレーを引退した」と書いてありますけど、実際の流れは違うんですよね。バレーに限界を感じてやりたいことがなくなってしまったときに、たまたまモデルの仕事に誘われてそっちに行ったんです。言い換えるとバレーに挫折したからモデルの世界に入っただけで、特に強い信念があって進んできたわけじゃないんです。その都度、その都度、周りに動かされた結果、いまがあるという感じなんですよ。

これは自分でもずっと思っているし家族や友達からもよく言われるんだけど、僕、出会いにすごく恵まれているんです。大学に入ったときも国体に出たときもモデルに誘われたときも、もっと言うと韓国に行ってからも日本に戻ってからも、運がいいのかそういう縁を持っているのかわからないけど、救世主のようにそのときに必要な人が必ず現れて引っ張ってくれる。運のよし悪しは人と比較できるものではないから、自分が特に運のいい人間なのかどうかはわからないけど、人に恵まれる運はやっぱり持っている気がします。

ただ、運がいいぶん、自分には実力や能力はないんだろうなって、どこかで引いて見てしまうところがあって。そのベースになっているのは前にも言いましたが、やっぱりバレーボールでの挫折なんですよ。完全に鼻をへし折られたことで、「できる人」と「できない人」で二分されるとしたら僕は「できない人」、強いか弱いかなら弱いほうに入るんだろうなってセルフイメージができてしまって。つねにネガティブなポジションに自分を置くところからスタートする考え方が身についてしまった。

だから、根拠もなく「絶対できる！」と言っちゃう人がいると「絶対なんてないのに、よくそこまで胸を張って言えるなぁ」って、すごくさめた目で見てしまうんです。でも、この年齢まで生きてくると結局、やったもん勝ちだよなって実感することも多々、ありますね。失敗しようが恥をかこうが、それを恐れずやった人がいろんなものを残しているんじゃないかなって。で、それを避けてきた部分が僕にはあるなって思う。

若い頃に一度は挫折を経験しないと打たれ弱い人間になるという考え方もあるし、実際に自分が挫折を通して打たれ強くなったのかはわかりませんが、それぐらいバレーが自分のすべてだったことは確かです。子どもの頃から本気で夢見ていたものを失くした経験はよくも悪くも人を変えるんだと思いますよ。

ダンキンドーナツのCM〜韓国へ

事務所が決まったのも順調だったけど、モデルの仕事もいきなり好スタートでした。いくつかオーディションを受けた中で最初に決まったのが大手化粧品会社の広告だったんです。しかも、某有名女優さんとのツーショットのスチール。

でも、オーディションのときはまったく受かる気がしなかった。というのも当時は、広告系のオーディションだと新入社員風のフレッシュマンみたいな、爽やかなタイプが求められていて。こういう言い方をすると失礼かもしれないけど、癖のない〝つるんとした〟タイプのモデルのほうが受かりやすかったんです。でも、僕はこのとおり顔が濃いですから受からない(笑)。周りから「自分がメインになるような仕事じゃないと、その顔はちょっと邪魔になるかもね」みたいなことも言われましたね。でも、メインになるような仕事はさらにカッコいい人が選ばれますからね。当時は『メンズ・ノンノ』がすごく流行《はや》っていて、めちゃくちゃカッコいいハーフモデルとかも注目され始めていたので、スタイルとかビジュアルではとうていかなわない。だから、当時、僕のできる仕事はかなり制限されていたんですよね。

大手化粧品会社のオーディションも、受けにきていたのは知名度があるザ・モデルって感じの人ばっかりでした。「世の中にはこんなにたくさん、カッコいい人がいるんだ!」って、ちょっとびっくりするぐらい。でも、そんな人たちの中から自分が選ばれたことで自信じゃないけど、開き直れた気がします。

自分は自分で、この顔なりキャラクターなりを求めてくれるところで頑張ればいいんだなと。それ以外の仕事を無理に求めなくてもやっていけるんだという道が開けたような感覚はありました。

韓国のダンキンドーナツのCMが決まったのはモデルを始めて1年後ぐらい。僕が外で遊んでいるときにいきなりマネージャーから連絡がきて「こういうオーディションがあるから、すぐ行ってくれ」って言われたんですね。でも、そのときは外にいてブック——自分が出た作品や宣材写真が入ったもの——も持っていなかったし、オーディションの準備も全然できていなかったから「今日は行けません」って断ったんです。そこで一回、話は終わったはずだけど数時間後、またマネージャーから電話がかかってきて「向こうの監督さんがどうしても(僕を)見たいらしいから、悪いけど行ってくれないか」と言われまして。で、動画を撮って先方に送ったら、すごく気に入ってもらって話が決まったという流れなんですよ。

　これは何回かテレビでも話しましたけど、ダンキンドーナツのＣＭは最初、韓国人の俳優が決まっていて撮影も始まっていたんです。でも、監督が別の人がいいと言い出して国内から人選する方針が変わって、アジアから探そうってなったらしい。そのときにたまたま僕が監督の目に止まったらしいんです。

　当時は韓国以外に香港や台湾からくる仕事も結構、多くて。海外の企業が日本のいろんなモデル事務所に声を掛けて、そこから来たモデルをばーっと集めてホテルとかで大々的にオーディションをすることもよくあったんですよ。ホテルの廊下にカッコいい人やきれいな人がズラッと並んでいて、ちょっと壮観だった。そこで自分の番がくるまで1時間待ちなんてこともしょっちゅうありました。

　だから、ダンキンドーナツが決まったときはやっぱり嬉しかったです。海外の仕事で、しかも大手のＣＭですからね。

　ところがここでまた問題が発生しまして。韓国での撮影日が決まったのに僕のパスポートが切れていたんです。パスポートの更新は2週間ぐらいかかるから、それだと撮影日に間に合わない。じゃあ、無理だねってこちらはあきらめていたんだけど、監督が「どうしても大谷くんで撮りたい」と言ってくれて。で、日本の外務省なのかな？　よくわからないけどとにかく韓国側が日本側とやりとりしてくれたんです。「大谷というモデルを使って韓国のＣＭを撮りたいんだけど、パスポートが切れている、なんとかしてくれ」と。そしたら本当になんとかなってしまって、パスポートを更新しに行ったらその場で手続きがすんでしまったという……。これ、本当の話なんですよ。

一連のこういった流れを考えると、よくあのとき韓国に行けたなって思います。だって、普通に考えたら、最初の電話で「今日は準備ができていないので行けません」って断った時点で終わっている話じゃないですか。さらに、パスポートの一件でボツになった可能性だって当然あるわけで。いま思うと、めちゃめちゃ危うかったんですけど、その、すんなりいかなかったところにむしろ縁の強さを感じるというか、何があろうと道はすでに決まっていたのかなって思ったりはしますね。

ＣＭの反響について聞いたのは韓国での撮影が終わって、日本に帰ってきてからでした。帰国して数カ月ぐらいたったときに、マネージャーから「ＣＭをオンエアしたら、向こうでは結構、すごいことになっているらしい」と言われて。そのあと、すぐ韓国に行く用事があって「いま行ったら、もう顔指される（知られる）と思うよ」と言われたりしたけど、その時点では全然、実感が湧いてなかったんですよね。できあがったＣＭ自体、僕は観てもいなかったので。

でも、実際、韓国に行ったら、みんなが気づいていきなり街で囲まれたりしたんですよ。そのときはウハウハでした（笑）。日本では考えられない状況ですから、初めての経験で驚いたのをよく憶えています。

　そもそも僕の中の韓国のイメージってバレーボールしかなかったんですよね。それまで唯一行ったことがある海外が韓国で、高校と大学で2回、バレーの遠征試合で行ったんですけど、当時は韓国のバレーチームはすごく強くてほとんど勝てなかった。だから、韓国の選手の強そうな顔とか、試合で何度も打ち込まれた場面とか、バレーを通した印象しか持っていなくて。〝冬ソナ〟の人気で韓流ブームが起きたのも僕が韓国に行ったあとでしたからね。なんの予備知識もなかったんですよ。


　韓国に拠点を移して、本格的に向こうで仕事をしていくという話は韓国側から出たんだと思います。その時点で、日本で所属していたモデル事務所に籍を置いたまま韓国の事務所とも契約するという話になりました。

　僕としてはダンキンドーナツのＣＭの反響がよかったから、韓国側から「こっちでやらないか」と言ってくるんじゃないかなって予感はちょっとあったんですよ。なので、話がきたときは「やっときたか」という感じで、迷うこともなかったです。

　というのも、当初は2年間だけという話だったし、契約する段階である程度の売り出しプランみたいなものも決まっていたんです。「スタートはＣＭと雑誌に出て、最終的にはテレビに進出」みたいな。いま考えたらそんなにうまくいくわけないでしょうという計画なんですけど、当時は僕も若くてあまり賢くもなかったから「あ、こうやって頑張ったら、ここまで行くんだ」と勝手になんの疑いもなく信じていました。ただ、結果的に目標以上のところまで行ったので、当初のプランもあながち間違ってはいなかったんでしょうね。

実は僕が行った2004年頃の韓国では、日本人モデルのブームがきていて、ダンキンドーナツのCMに出たのもそこに乗ったというか。むしろその波に乗るのは遅かったぐらいで、僕が行く前に韓国ではすでに日本人のモデルが結構、活躍していたんです。しかも、そのメンバーを見てびっくりしたんですけど、メジャーな男性ファッション誌にバンバン出ているような有名なモデルさんばっかりだったんですよ。だから、向こうのスタッフが僕を見て「まだ、こんな人が日本にいたんだ」「大谷はいままでどこにいたの?」って言ってくれたのは嬉しかった。多分、僕がたまたま当時の韓国の人が求める雰囲気に合っていただけなんですけど、日本のすごいメンバーの仲間入りができたような気がして、ちょっと誇らしかったんですよね。

あの頃は日本でK-POPブームがくる何年も前ですから、僕自身、韓国のエンターテインメント業界のことを何も知らなかったんです。そのおかげで先入観なしに「韓国、海外、いいじゃん」って、構えずに飛び込んでいけた部分があったんですが、韓国側もちょうど欧米系の外国人モデルに飽きていた時期で。それより同じアジア人だけど何となく雰囲気が違う、でも憧れと親しみを感じられる日本人モデルが受けたらしいんですね。それがブームのきっかけで、韓国側に日本人モデルのニーズがすごくあった時期だから、そういう意味で僕はすごくいいタイミングで行けたんだと思う。ま、そのときはまったく自覚していなかったんですけど。

家族に韓国行きを話したのも全部、決まったあとでした。元々、家族に相談しないで自分で決めるほうだし、言うことを聞くタイプでもないので。それに当初は2年で帰国するつもりだったので、母親からは「日韓の問題について無知ではいけない。向こうに住むならそういうことはちゃんと知っておきなさい」と言われたぐらいで特に反対はされなかった。まさか、そのまま11年間も行ったままになるとは僕自身、まったく予想もしていなかったですからね。

韓国語、遊び、親友との出会い

とはいえ韓国語がまったく話せない状態で行ってしまったので、最初はやっぱり大変でした。まず語学学校に入学したんですけど、周りの人たちは大学で少し勉強してきている留学生組ばっかりで、基礎も何もないのは僕だけだったんですよ。先生に何か聞かれても自分だけ答えられない。それがもう恥ずかしくて、嫌でしょうがなかったです。

そんなときにある学生の友達が「大谷さん、語学は6カ月が結構、ポイントですよ」って教えてくれて。6カ月目くらいから「ん?」ってわかり始めると言われて「そうなのかな?」と思ったのをすごく憶えています。というのも、本当にそれぐらいの時期にちょっとずつ聞き取れるようになって「あいつの言ったとおりだ！」って思ったんですよ。

語学学校の授業は最初、文法から始まって先生が黒板に例文を書いてって感じで、日本の英語の授業と同じなんですけど、やっぱり実際に聞くことがいちばん大事なんですよね。生活の中でいろんな友達と会って会話をしていると、韓国語に耳が慣れてきて聞き取れることが増えていく。そこからは頑張って習得しようとしなくても、自然に伸びていった感があります。だから、「無理だわ」って苦しかったのは最初だけで、あとはそんなに苦労を感じなかった気がします。


生活するのにあまり不便を感じなかったのは、それがよかったのか悪かったのかわからないけど環境のせいもあったんです。スタートからひとり暮らしだったんですけど、向こうの事務所のスタッフは全員日本語が話せたし、最初にできた友達も日本人だったので、会話で困ったことがなかったんです。しかもその友達がファッション業界や音楽業界に顔が広い人だったので、クラブだのバーだのイベントパーティーだの、いわゆる夜の遊びにどんどん連れていってくれて……。

僕は日本にいるとき、モデルを始めてからもほとんど遊んだことがなかったんですね。お酒も飲まなかったし。たまに飲みにいっても友達とチェーンの居酒屋に行くくらい。だからクラブデビューも韓国なんですよ（笑）。遊ぶってことに対してほぼ、まっさらな状態だから「東京で遊んだらこうなのに」とか比較する対照もない。何もかもが新鮮で「こんな世界があるんだ！」って韓国でのナイトライフを楽しんでいました。

韓国は日本よりも世話好きが多いというか、飲みの席でも最初からグッと距離を近づけてくるところがあって。僕は元々、初対面の人とすぐに打ち解けるタイプじゃないんだけど、韓国の人のそういう〝濃い〟感じも全然、嫌じゃなかったです。むしろ、知らないお兄さんやお姉さんたちが「日本から来たの？　頑張ってるなぁ」とガッとフォローしてもらえるのが嬉しかった。見返りを求めず可愛がってくれる人たちがたくさんいて、いま振り返っても日本人ということで苦い思いをしたことは一度もなかったです。


いちばんの大親友と初めて出会ったのも韓国なんです。有樹という台湾を中心にアジアで活動している日本人モデルで、韓国にいる間は二日に一回は会っていて三日会わないと「久しぶり」みたいな（笑）。それぐらいしょっちゅう会っている家族みたいな存在で、2人で「韓国って日本とはこういうとこが違うよね」とか「オレら、日本人同士なのに日本で会ったことないって変じゃない？」とか、とにかく何でも話していましたね。

しかも、有樹はめちゃくちゃモテるんですよ。カッコいいし優しいしフランクだから女性と一緒に飲むと7割方は有樹を気に入っちゃう。僕は引いちゃうタイプなのでダメなんですよね。そこらへんは10代の頃と全然、変わっていない。彼は途中から香港に移って、その後は台湾に移住しました。住んでいる国が別々になってからも彼はずっと相談に乗ってくれて。韓国で仕事を続けられたのは彼のおかげでもあるし、日本に帰ってきてからも有樹の言葉に何度も助けられたんですよね。

最初の1年ぐらいはモデルとしてCMや雑誌にちょこちょこ出ていたんですが、行く前から韓国でモデルとして活動することにはまったく興味がなくて、俳優としてテレビドラマに出るのが目標でした。

日本にいるときから俳優志望だったわけではないんですが、心のどこかでなんとかなると思っていたというか。当時は日本でもモデルから俳優になる人が多かったから、「自分にもできるんじゃないか」と漠然とした憧れがあって。それがどんなに無謀だったか実際になってみてから嫌ってほど思い知らされるんですけど、当時はあまり深く考えていなかったんでしょうね。そうじゃなかったら、言葉もネイティブじゃないし、演技の勉強もしていないのに「芝居をやりたい」なんて怖くて言えない。無知ゆえの恐ろしさというか。芝居への憧れだけでいけると思っていたんですよ。

だから、恋愛バラエティ番組に出てほしいという話がきたとき、「韓国でテレビに出るなら、ドラマ以外は考えられない」って僕、生意気にも断ったんです。いまなら「経験もないのに、その自信は何?」って、自分でツッコミたくなるけど（笑）。事務所のスタッフにも「亮平、あんた、何言ってんの？　やりなさい」と説教されたんですけど、若い子たちが観るような番組だったので「いや、やらない」って頑として譲らなかった。そしたら、ちょっとしてから「実はこういう企画もあるんだ」って言われたのがドラマの『ソウルメイト』だったんです。

ゼロがひとつ違う

ドラマが決まったのは２００６年で2年契約がちょうど終わる頃だったんですが、実はその直前に所属事務所が変わったんです。理由は、騙されていたことが発覚したんですよね、最初の事務所に。ダンキンドーナツから始まり、そのあとのＣＭもその事務所からの仕事だったんだけど、ゼロがひとつ違うぐらいギャラ（出演料）をごまかされていて。わかったときはショックでした。当時は家賃も生活費も学費も全部事務所に出してもらっていて「亮平はまだマイナスだな」とよく言われたんですけど、あとから聞いたら、そんなお金、ＣＭ１本のギャラでとっくにプラスになっていたんですよ。ただ、腹が立ったのは金銭面よりも気持ちの部分で、事務所の女性社長がいつも「亮平はもうちょっとだね、頑張ろうね」って励ましてくれて、すごくよくしてくれたのにそれも全部嘘だったのかと。その時点でもう一緒に仕事なんてできないじゃないですか。

そんな僕の現状を知って助けてくれた人が韓国の大手の事務所につないでくれて。そちらに移る話が進んでいたんです。だから、僕としてはお金よりとにかく事務所との契約を切りたかったんですけど、事務所側は「少しずつギャラは返す。でも辞めたら契約違反になるからダメ」って言って離さないんですよ。あとからいろいろ話を聞いたら、契約金もなかったのでいつでも抜けられたらしいんだけど、それを知らなかったから、これはもう強行策に出るしかないと思ってソウルの仕事をボイコットしたんです。で、東京に戻ってしまったんだけど「大谷がいなくなった」って事務所内で大騒ぎになりまして。最終的には韓国に戻って「これまで自分が稼いだギャラは全額、渡す。だから自由にさせてほしい」と提案したんです。そしたらアッサリOKですよ。散々、離さないと言っていたのに「じゃあ、この契約解除の書類に判を押して、はいこれで終わり」って。「結局、お金か」とは思いましたけど、僕もそこに執着はなかったので、そのまますぐ事務所を出ていったんですよね。

ただ、これもあとから聞いた話ですが、このテの詐欺的な話は多いらしいです。韓国だけじゃなく日本でもよく聞く話だけど、この件に関しては信じていたのに裏切られたという苦い気持ちと、結果的には人に助けられていい方向に行けたという気持ちの半々ですかね。かといって「いい経験だった」と言えるほど、清々しい気分には全然なれないですけど（笑）。

ドラマデビュー～『ソウルメイト』

『ソウルメイト』は韓国でいうところのシットコムという、恋愛シチュエーション・ドラマで。俳優として最初に認知されたのがこの作品でした。その前からダンキンドーナツのCMで、僕の顔のどアップがガンガン流れていたから顔はそれなりに知られていたんだけど、俳優の仕事にはなかなかつながらなかったんです。言葉の問題もあって。

でも、『ソウルメイト』は役名も本名のままのリョウヘイ、日本から来た日本人のモデルというリアルな設定で、ドラマの作家さんのほうから僕を使いたいと言ってくれたらしいんです。役柄も男3人、女3人の主演グループのひとりだったので、位置づけとしてもすごくいい話だったんですよね。

しかも、このドラマは恋愛モノにちょっと笑いを足した、いわゆるベタなシチュエーション・コメディとはまったく違う内容で、ちゃんとしたラブストーリー。僕としては希望どおりでした。それに当時は知らなかったんだけど、シットコムは若手俳優の登竜門的なジャンルで、ここから売れていくという流れが韓国には伝統的にあるらしいんです。なので、この時期にこのドラマに出られたのはものすごく大きかったんですよね。

ちなみに余談ですけど、僕が韓国にいた頃に東洋系のモデルで断トツに人気だったのはダニエル・ヘニーさんだったんです。彼はアメリカと韓国のハーフで国際的にも活躍しているので日本でもファンが多いと思うけど、モデルから役者になって大成功をしていたんですね。で、そのダニエル・ヘニーさんがドラマで大ブレイクした直後の『ソウルメイト』だったから、事務所サイドは「亮平もダニエルのように」って、ちょっと期待していたらしくて。ただ、僕も本人に実際にお会いしたことがありますけど、「おー!」って思わず声が出ちゃうぐらい圧倒的にイケメンだし、すごいものを持っている人なんですよ。なので、あんな逸材と比較されたらたまったもんじゃない(笑)。それこそ、無謀。もう別次元の人ですから。

『ソウルメイト』がスタートした頃は日常会話に困らないくらいは話せるようになっていて、ある程度の意思疎通はできるようにはなっていました。でも、細かい発音までこだわり出したらどうしようもないってレベルで、しかも芝居をするとなるとまったく別ですからね。韓国語のつたなさも含めて演技もへたクソで、あれでよくやっていたなって、いまはもう怖くて当時の映像を見返せないですよ（笑）。

ただ、日本人の役だったので流暢《りゅうちょう》に話せなくてもいいだろうと。そのほうが自然だよねってことで許されていたんですが、ドラマが始まったら今度はそのたどたどしい韓国語が「可愛い」という反応が視聴者から返ってくるようになったんです。これはドラマの制作側も予想外で、当初はもっとカッコいいイメージの役だったんだけど、キャラクターを徐々に可愛い方向へ寄せていくようになったんですよ。

演技に関しても〝外国人枠〟ということで、高いレベルを求められていなかったんですよね。ただ、韓国は歌でも演技でもプロの水準に達していないとすぐに叩かれるから、ネットなどでは「なんでわざわざ日本人を使うんだ」って声はありました。自分もある程度の批判は覚悟していたんだけど、それ以上に「まぁ、そこは置いとこうよ」みたいなフォローの声のほうが多かったんです。その一方で俳優としてもちゃんと認知されたので、そういう意味では僕にとって『ソウルメイト』はプラスしかなかったんですね。

当時、僕自身は韓国の人たちに自分のどんな部分が好感を持たれたのか考えていなかったし、その自覚もありませんでした。アイドルじゃないのでファンミーティングとかもないから、ファンの実像が見えないんです。ファンレターは全部読んでいましたけど、内容は「日本人なのに韓国で大変ですね」とか「言葉をしっかり話してすごいですね」とか、だいたい同じで。男性より女性のほうが多かったみたいだけど、それ以外は正直、いまでも当時、どのくらいファンがいて、どんなところが好かれていたのか全然、把握できていないんです（笑）。

まぁ、理由はいろいろあったみたいで周りから言われるのはまず、日本人だとすぐにわかるビジュアルがよかったんじゃないかと。

韓国で実際に街とかを歩いていると日本人ってやっぱりすぐにわかるんです。韓国の人は日本人より骨格が大きいので、僕なんかでも華奢に見えるし、ヒゲの感じとかもね、ちょっと違うんですよ。日本で韓国の人や中国の人が顔はアジア人でもすぐに違いがわかるのと同じなんだけど、当時の韓国はいまよりも日本人をビビッドに感じていて。特に僕は韓国にはいない顔立ちだったので、そういうビジュアル的な違いが受けたんじゃないかって言われました。

あと、韓国の人たちって前にも言いましたが世話好きな文化があるから、日本からわざわざやってきて溶け込もうと頑張っている姿を見ると「応援してあげよう」って気持ちになるみたいです。

ただ、僕からしたら、当たり前のことをやっていただけなんですけどね。どこの国にいようと仕事を真面目にやるのは当然だし、そこで馴染むために言葉を覚えてコミュニケーションをとろうと努力するのは外国で暮らしていくうえでは必要なことだし……。でも、韓国の人たちはそういう人に対してはすごくウェルカムなところがあるんです。一般の人だけじゃなく一緒に仕事をしている事務所のスタッフにもそういうところがあって。ビジネスとしてサポートするのはもちろんだけど、それ以外のメンタルの部分でも「亮平を何とかしよう」という愛情をすごく感じましたね。

最終的に僕が日本に戻るか戻らないかの話になったときも、韓国の事務所の社長が日本の事務所――アミューズ側に「彼の母国で、母国語を使った活動をさせてあげたい」と言ってくれたらしくて。それを聞いてアミューズ側のスタッフは「大谷は韓国で愛されているんだな」と思ったって、いまのマネージャーから聞きました。それを聞いたのは日本に帰国してからなんですが、ともかく「自分たちの国で頑張る日本人俳優」っていうイメージは向こうで活動していた間はつねにあったと思います。で、それを、そのままおもしろおかしくフューチャーしたのが2014年に出演したバラエティ番組の『ルームメイト』シーズン2で、この番組はキャリア的にはかなり大きかった。ただ、僕にとっては本当にストレスの多い現場で（笑）。まぁ、おいおい話しますけどね。

韓国流ドラマ撮影～『家に帰る道』

『ソウルメイト』後の大きな作品は2009年の『家に帰る道』というドラマでした。これはオンエアが夜の8時から8時45分まで、夕飯を食べ終わったあと、家族みんなで観るというファミリー枠のドラマなんですけど、月~金まで毎日やるんですよ。すごいでしょう？　日本の朝ドラだって1話15分なのに、5日間連続で45分って、膨大ですよ。だから撮影は必死。オンエアの前の週に月曜日から金曜日までの分をスタジオにカンヅメになってまとめて撮って、翌週に流すという殺人的なスケジュールでしたね。

そのための撮影方法もちょっと独特で。〝ワン・ツー・スリー〟というんですが、これはセットにカメラが3~4台あって、カットごとに切らないでいっせいに通しで回し続けるバラエティ番組みたいな撮影法なんですね。だから、NGが出てストップすることもあるけど、基本、一発勝負の舞台みたいな感じ。セットも例えば6~10話を撮るとなったら、そのために必要なシーンのセットを全部、先に作ってスタジオにずら～っと並べておくんですよ。で、午前中、通しでリハーサルをしたあと、午後からガーッと本番を撮っていくんだけど、あるシーンが終わったらそのまま次のセットへ移動して、また別のシーンを撮るんです。本当に時間と段取り勝負の撮影だから〝ワン・ツー・スリー〟方式じゃないと間に合わないんですよね。

ドラマが始まるとき、スタッフに「〝ワン・ツー・スリー〟は撮ったことある？　最初はすごくとまどうと思うよ」と言われたんですけど、僕はそのほうが合っていたから、大変って気はしなかったです。ただ、シーンの途中から登場する場合はセットの後ろで待っていないといけないんですね。カットごとに切らないでぶっ通しで撮るから。それが苦手で、むしろ板つき（舞台に出ている状態）のほうが楽でした。というのも、やっぱり僕にとって韓国語は外国語なのでセリフが飛んだら修正ができないし、アドリブも利かないから、流れの途中に入っていくってかなり緊張するんですよ。出てしまえば何とかなるんだけど、セット裏で待っているときは毎回、帰りたくなるぐらい嫌でしたね（笑）。

『家に帰る道』には3組のカップルが出てきて、僕はその中のひとりの日本人役。主人公の男女カップルの、女性のほうの妹の彼氏という設定だったんですが、僕の役は作家の先生がアテ書き（演じる俳優を想定して書いた脚本）をしてくれたんですよ。僕のこれまでの人生とか韓国に来た経緯とかを聞いて、そのまんま役の設定としてキャラクターを作ってくれたんです。実はダンキンドーナツのCMの撮影で最初に韓国に来たとき、現地のスタッフが間違えて僕じゃない人の写真を持って空港で待っていて。お互いに相手がわからず会えなかったっていうエピソードがあるんですが、それもドラマのストーリーの中に入れてくれたんですよね。

そういう意味では演じやすかったし、撮影自体は全部で120話ぐらいあるからハードだったけど、間にちゃんとお休みもあったから、しんどいと感じたことはあまりなかったかな。ただ、フルで出ずっぱりの主役は可哀想でしたよ。脇役は朝まで徹夜で撮影した日は、そのあと夕方までいったん休むとかスケジュールを調整できるんだけど、主役は朝終わっても、すぐ次のシーンの撮影が始まるから、寝る時間がない。しかもそれが連日続くので普通なら倒れるじゃないですか。でも、韓国の連ドラは『家に帰る道』に限らず、それぐらいハードな撮影が当たり前だからやり切るしかないんですよね。でも、主役以外の役ならそこまでキツくないし、僕も仕事半分、休み半分というスケジュール感で結構、ユルかった。そう考えると、メインの役でポジション的には目立つけど、撮影は楽っていう結構、おいしい役だったんですよね。

このドラマは共演者同士もすごく仲がよかったんです。男女別の楽屋があるだけで、年配の方も若い人もみんな同じ部屋で待機するんですが、それぞれ自分のシーンになったらセットに入って終わったら楽屋に戻り、またシーンがきたら出ていくって感じだから、ひとりになることがない。楽屋に戻れば誰かがいるって感じなんですよね。

メイクとかも日本だとメイク室や個室の楽屋でやってもらうけど、韓国は朝、撮影に行く前にメイクさんがやっているサロンでヘアメイクをして、衣装もそこで専属のスタイリストさんが用意してくれたものを着て現場に行くんです。だから、日本みたいに撮影前に一回、スタッフが集まって挨拶をする衣装合わせの習慣がないんですよね。衣装は全部、個々の専属のスタイリストが監督と相談して勝手に決めてくるので。でも、このシステムのほうが周りに気を使わないで準備できるので僕は気分的に楽でした。サロン側も芸能人だと宣伝になるからってヘアメイクは無料でやってくれるし。しかも、芸能人が行くサロンってだいたい決まっているから、朝、行くとたいがい誰か知り合いがいるんですよ。そこで「今日、何の撮影?」なんて話したりして、あの感じは日本にはない光景ですよね。

撮影期間が7～8カ月ぐらいあって長いから、共演者とは家族みたいな感じになっちゃうんですよね。撮影が終わったあとも「飲みにいこうか」という流れになることが多くて、特によく行ったのは主人公カップルのイ・サンウとチャン・シニョン、僕などの若手軍団でした。

韓国は大御所の役者さんを「先生」って呼ぶんですが、飲みの席で「今日、○○先生に怒られた」って泣き出す子とかもいておもしろかった。ずっと一緒に仕事をしているから、会社の同期みたいで気楽だし、遠慮もないんですよ。飲みながらみんなで撮影の愚痴を言ったり、アドバイスしあったり、僕は聞き役になることが多かったけど、みんなでワイワイやって楽しかった。仕事が終わったら早く帰りたいってこともなくて、撮影とワンセットで飲みにいくって流れが普通でしたね。

あと、家族的な感じになる理由のひとつとして、みんなで食べる夜中の屋台も大きかった。時間がないので深夜まで撮影することが多いんですけど、毎回、かなりいい夜食が出てくるんです。だから撮影のときは「今日の夜食は何？」って話題がよく出るんだけど、なかでも楽しみだったのはファンの子たちがお金を払って呼んでくれる屋台なんですよね。これは韓国独特の文化で食事はファンの子たちが無償でキャストとスタッフ全員の分を用意するって習慣があるんです。韓国のケータリングはお弁当を買うより安くて、50人前でも100人前でも同じ値段だから用意しやすいっていうのもあるんだけど、日本だとファンからの差し入れは基本、口にしないんですね。でも、韓国は事務所公認だし、差し入れされたほうは食べているところを写真に撮ってネットにあげなきゃいけないという暗黙のルールもあって。アーティストやアイドルだと音楽番組の楽屋にそれぞれのファンが用意したお弁当がいっぱい置いてあるんだけど、屋台もそういうファンからの〝差し入れ〟のひとつなんですよね。

屋台だからおでんだのトッポギだの、温かいものがいっぱいあって、それだけでもちょっとお祭り気分でテンションが上がるんです。しかも、そういうときは「先生からどうぞ」とか忖《そん》度《たく》もない。ベテランも新人も関係なく屋台をつついて「もうみんな仲間だ」って感じで、同じ釜の飯じゃないけど、距離が縮まって家族みたいな空気感になるんですよ。スタッフも僕ら以上に夜中は疲労がピークになっているから、「キャストさんはお先に」なんて配慮する余裕とか全然ない。特に冬は死ぬほど寒いし眠れないしで、人間のリミットを越えるぐらい追い込まれた環境で作業をしていますから、とりあえず「オレたちは生きるために食う」みたいな（笑）。誰もそれを咎《とが》めないですしね。

ちなみに韓国の冬はマイナス何度とか当たり前の世界で、真冬に暖房のない倉庫みたいなとこで夜中に撮影したことがあるんですよ。冷蔵庫か！　と言いたくなるくらい本当に寒くて、それでも僕らは撮影が終わればヒーターのついた車の中で休めるけど、スタッフは手持ちのストーブしかないから冬山の登山に行くようなモコモコの格好なんですよね。聞いた話では韓国はノースフェイスが世界で一番売れているらしいけど、確かにそれぐらい重装備じゃないとあの寒さはしのげないだろうと思います。

でも、そんな過酷な状況でずっとやっているから、現場は自然と一体感が生まれるというか。みんなでまとまらないと乗り越えられない環境なんですよね。

日本人への温かい視線

『家に帰る道』はファミリードラマなので、それぞれのカップルの両親役をやっている年配の大御所――「先生」と呼ばれる役者さんもいろいろ出ていまして。現場がピリッとすることもあったんですが、僕は怒られたり怖い思いをしたことはなかったんです。ただ、1回だけすごいヤバいことがありまして……。

先生の中でも韓国でいちばん厳しいって言われていたユン・ヨジョンさんという大女優さんがいて、彼女は僕の相手役の子の母親役だったんですね。でも、一緒のシーンはほとんどなくて、ドラマの最後のほう、それこそ118話ぐらいで「娘さんと結婚させてください」って僕がお願いしにいくシーンで共演する予定だったんですよ。

ところが、よりにもよってそのシーンの撮影の日にマネージャーが時間を間違えて寝坊しまして。急いで現場に向かったんだけど、そんなときに限って道がめちゃめちゃ混んでいて、車がまったく進まないわけですよ。その日はユン・ヨジョンさんのほかに父親役のチャン・ヨンさんという、これまた大御所の方もいて。スタッフからは「お前待ちで先生たちが待ってる、どうなってんだ！」って催促の連絡がバンバン入ってくるし、でも車は進まないし、どうしようどうしよう怒られるだろうなって、もう生きた心地がしなかった。

で、ようやく着いて、まずチャン・ヨンさんに謝ったら「何で遅れたの?」って聞かれて「ちょっと道が混んでいて……」って、理由にもならない理由を言って(笑)。次に、怖いなぁ、嫌だなぁと思いながらユン・ヨジョンさんに謝ったら「大丈夫よ」って全然、怒っていないんです。それどころか「大変よね、外国語でやるのは」とか「私も日本は大好きで、銀座にもよく行くのよ」ってめちゃめちゃ優しい。その日はセットを出るまでチャン・ヨンさんも一緒に「銀座のあのお店はね」とかずっと話しかけてくださって、最後は「大変だと思うけど、頑張ってね」って労《ねぎら》いの言葉まで掛けてくれたんですよ。僕としては「絶対、怒られる」ってズーンとドン底まで沈んだとこから一気に頂点まで上ったぐらいの振り幅で、ユン・ヨジョンさんもチャン・ヨンさんも大好きになっちゃいました(笑)。なんで怒られなかったのかわからないけど、多分、「日本人のこんな子に怒ってもしょうがない」って気を使ってくれたんじゃないですかね。

この一件に限らず、現場で日本人ってことで意地悪されたり、疎外感を味わったことはまったくないんです。僕にとって韓国は外国なんだけど、俳優としてのキャリアはここからスタートしているからアウェイ感もないし。韓国の人もむしろ歓迎ムードで、あまりいいたとえじゃないけど、ゲストっぽい感じで扱ってくれた部分はずっとあった気がする。だから、さっきのユン・ヨジョンさんじゃないけど気を使ってくれたり、ほかの俳優陣も日本で仕事をしたことがある人たちは「日本の撮影のシステムはいいよね」って褒めてくれたりもして。僕は日本でドラマを撮ったことがないから「日本のことはよく知らないんだよね」って返していましたけど（笑）。すべてにおいて日本をリスペクトしてくれるムードがあって、みんな日本にすごく興味を持っている印象が強かった。いまはまた違っているのかもしれないけど、僕がいた頃はそんな雰囲気で本当に温かくて優しかったし、僕だけじゃなく周りにいた日本人もそう感じている人は多かったんですよ。

だから、ネットとかで日本批判の言葉がいろいろ出てくるけど、実際はかなり違うんですよね。一緒に仕事をしていたキャストやスタッフの中には僕より日本の歴史に詳しい人や戦国時代の話が大好きな人とかもいたんですよ。日本映画もみなさん、よく観ていて、なかでも岩井俊二監督や小津安二郎監督の作品などは人気が高かったし、『かもめ食堂』を撮った荻上直子監督の作品が好きっていうキャストも多かった。あと、僕が出た『神弓』という映画のトップ俳優のリュ・スンリョンさんは松たか子さんが主演した映画『告白』を観て、「ああいう映画は韓国では作れない。完成度が高い」と絶賛していました。

これは聞いた話ですけど、ああいう日本映画独特の繊細な感覚の作品、動と静で言うと静の要素が強い映画は韓国ではなかなか作れないので、素晴らしいと思うらしいです。ドラマや映画に携わっている人たちだから、作品への観賞眼や美意識が高いんだと思うけど、どこの国のものであろうと「いいものはいい」って、すごく冷静に観ているんですよ。僕のほうが逆に「日本映画の○○は観ておいたほうがいいよ」って教えてもらうことも多くて。日本のよさを再認識させてもらえる場面もよくありました。

ただ、サッカーのワールドカップとかスポーツが絡むと、熱くなってやけに攻撃されることはあった（笑）。僕が向こうにいる間、2～3回ワールドカップがありましたが、スポーツバーとかで酔っぱらって何か投げつけてくる人とかもいて。ま、僕が日本語で応援していたからなんですけど（笑）。

あと、『家に帰る道』の撮影終盤の頃、ちょうど野球のＷＢＣで日本対韓国の決勝試合――イチロー選手がタイムリーヒットを飛ばして勝ち越した、あの有名な２００９年の日韓戦があったんですよ。

この日は午前中にリハーサルがあったんだけど、スタッフもキャストも「リハなんていい、適当に終わらせて試合を観ようぜ」ってすごく盛り上がっていて。楽屋に何十人も集まって試合を観ているときに僕、韓国語で日本を応援していたらしいんです。興奮しちゃって「チャバ！（捕れ）、チャバ！（捕れ）」って。そしたら「お前、どっちを応援したいんだよ」ってみんなに大笑いされたりもして、最後にイチロー選手が打って勝つところまで、そこにいた全員で、その雰囲気を楽しんでいた光景は今でも鮮明に憶えています。

あの試合のとき、イチロー選手が「向こう30年間、韓国が日本に手を出せないようにする」って強気な発言をして、ネットではそこだけフィーチャーされてあれこれ言われたじゃないですか。でも、僕の周りではそれを批判している人もいなかった。逆に「やっぱイチローすごいよね」とか「ストイックでカッコいいよね」って、特に野球好きは褒めていましたよ。

『家に帰る道』の話に戻ると……撮影自体は問題なく進んでいたんですが、回が進むごとに数字的なプレッシャーがだんだん出てきたんです。

というのも、このドラマは韓国の地上波のテレビ局で、公共放送局のＫＢＳでやっていたんですが、それまで3本連続で視聴率40％超えとかの大ヒットを連発している枠で、夜8時台のＫＢＳドラマは間違いない、視聴率がよくて当たり前っていう流れがあったんですね。で、『家に帰る道』も初回は20％以上で「まあまあのスタートだね」って言っていたんだけど、そこから徐々に落ちてきてしまって。

韓国の連ドラは日本みたいに1クールで何話とハッキリと決まっていないパターンが多いんです。ＫＢＳのこの枠は最短が１２０話で視聴率がよければ延長していくというシステムで、なかには１５０話まで延びた作品もあったんですよ。だから、キッチリ１２０話で終わるということは実質、打ち切りとは言わないまでも……『家に帰る道』は数字が落ちていたので延長しなかったんですね。

でも、自分が出ていたから言うわけじゃないけど、本当にいいドラマだったんです。セットは突貫工事で作るからちょっとコントっぽかったりしましたが、ストーリーがおもしろくて、どんどん次が観たくなる。

45分間って結構、長く感じるけど、『家に帰る道』は毎回「え、もう終わり？」と思うぐらい見応えがあって、展開もよかったんだけど、それが数字につながらなかったんですよね。

止まらない「クレイジーモード」〜映画『神弓』

キム・ハンミン監督の映画『神弓 —KAMIYUMI—』（2011年公開）と『鳴梁《ミョンリャン》』（邦題『バトル・オーシャン 海上決戦』／2014年公開）に出られたのも、間違いなくターニングポイントのひとつになりました。ただ、どちらも日本では考えられないぐらい撮影は過酷だったんですよね。

『神弓』の話がきたのは『家に帰る道』が終わって、韓国での活動に行き詰まりを感じていた時期でした。この頃はドラマで認知はされたけど、かといってできる役が増えるわけでもなく、やっぱりコンスタントにドラマに出るのは難しいんだなってかなり煮詰まっていたんです。

で、目先を変えて台湾で仕事をしようって流れになって。でも拠点を移すとか本格的な感じではなく、気分転換も兼ねて台湾生活を楽しみながら仕事もできたらいいな、みたいな、すごく軽い気持ちで（笑）。台湾に住んでいた親友のユウキからも「亮平なら仕事はあるよ」と言われていたので、行けば何とかなるだろうって目算もあったんですよね。でも、そんなときに『神弓』の監督から会いたいって直接連絡をもらって急遽、台湾から韓国に戻ったんですよ。

『神弓』は中国の清軍が朝鮮に侵攻してきた17世紀の丙子《へいし》の乱を舞台にしたアクション映画で、僕がやったのはリュ・スンリョンさん演じる清軍の大ボス・ジュシンタの右腕の〝ノガミ〟という役。言葉を発することはできないが、五感以外の何かが発達しているという、ちょっと異色の役なんですけど、最初は女性が演じる予定だったんです。でも、最後までキャスティングが決まらず、監督のキム・ハンミンさんがたまたま僕の写真を見て「この俳優でやりたい。どこにいるの？」ってなったらしいんですよ。

話すことはできない役なので、セリフでは困らなかったんですけど、全編、戦っているシーンばかりなので、まぁ撮影はハードでした。山の中を延々と、どれだけ走らせるんだって（笑）。登りながら走っていくんだけど、山の傾斜がとんでもなく急だから「これ、オレら、本当に進んでるのか？」ってわからなくなるくらい、走っても走ってもたどりつかないんですよ。しかも登ったら登ったで、どうせもう1テイク撮るのがわかっているから、みんなちょっとでも時間を稼いで休もうとするんです（笑）。その駆け引きっていうか、走らせようとする監督と休もうとするキャストって構図がおもしろかったですね。

というのも、キム・ハンミン監督ってすごく厳しくて怖い人なんです。とにかく妥協しない人で、自分でも「クレイジーモードに入ると何も見えなくなる」と公言しているぐらい。そのゾーンに入っちゃうと助監督も怖くて近づけないし、相手が大御所俳優でも容赦がないんですね。戦闘シーンなんか本当にクレイジー爆発で、「ここで落馬したらどうするの？」っていうほど無茶な撮り方をするわけですよ。日本ならメインの俳優がケガをしたら大変だって守るじゃないですか。でも、誰も「ケガするからできません」なんて言えない雰囲気で「まるで軍隊だよな」ってキャストはみんな言ってました（笑）。だからこそ、あれだけ迫力のある映画が撮れたんだろうし、大ヒットもしたんですけどね。ただ、僕は結構、楽しんでいました。肉体的にはツラかったけど、すごいトップスターがいても、そういうことを忘れてみんな一緒になって走って、ドロドロになっていく感じとかが部活みたいでむしろ好きでした。いつ事故が起こってもおかしくない撮影だったけど楽しんでいましたね。

『神弓』は2011年の夏公開の映画の中ではキャストも地味で、いちばん前評判が低かったんです。でも蓋を開けたらどんどん興行成績が上がって、最終的には年間1位になりキム・ハンミン監督は一気に認められ、僕も認知度が上がって、その後の仕事にもつながっていったんですよね。「このまま韓国でやっていけるのかな」と行き詰まっていた時期にこういう作品と巡り合えたって考えると、やっぱり自分は運がいいんだろうなって思いました。

SKY WALKERS

10

SKY
WALKERS

SKY
WALKERS

GO RUN

GO RUN IT

消火栓
10

GO RUN IT

チェ・ミンシクの存在感〜映画『鳴梁』

『神弓』のヒットを受けて、3年後に公開されたのが、豊臣秀吉が朝鮮に出兵した慶長《けいちょう》の役《えき》を題材にした『鳴梁』。イ・スンシン提督率いる12隻の朝鮮水軍が330隻の日本水軍に立ち向かったという、韓国では有名な「鳴梁海戦」を映画化した作品なんですが、韓国歴代観客動員数1位の大ヒットを記録しました。

理由はいろいろありますが、やっぱり韓国映画史上最長と言われる海戦シーンでしょうね。しかも、主人公のイ・スンシンは『オールドボーイ』でも主演を務めていた大御所中の大御所のチェ・ミンシクさん、日本軍のボスが『神弓』で注目されたリュ・スンリョンさんっていう超豪華キャストで、すべてにおいてスケールが桁外れ。そのぶん現場の過酷さも格段にアップして、ケガ人と失神者続出……スタッフもキャストも捨て身の現場だったんですよ。

何が大変って、まず暑さと重さ。撮影が5〜6月だったので船上にいると日差しがとんでもなく強いんですよ。衣装の鎧《よろい》もめちゃくちゃ重くて、それを着て船に乗るだけでもう疲れちゃう。だから、みんななかなか船に乗らないんです。スタッフに呼ばれても「あ、忘れ物が」とか思い出したようにどこかに行って、日陰に隠れて座って休んじゃうみたいな（笑）。

実際に撮影が始まってからも暑さと重さでバタバタ倒れていくんですよ。ミンシクさんも

「あー！」って大声を張り上げるシーンで、叫んだまま気を失っちゃったし、僕も何回か気絶しかけました。しかけました。んー！って力が入ると毎回、クラッときて膝がガクッとなっちゃうんです。

「それ、興奮しすぎて血管が切れているんだよ」って言われましたけど、極限状態というか限界を越えていたんでしょうね。

映画を観てもらうとわかりますが船上シーンは人が密集していて、ちょっと動くだけで体が当たるぐらいギュウギュウ詰めで。そこで本物ではないとはいえ武器を持って暴れるから、ケガするのが当たり前なんです。みんなダラダラ血を流しながらやっていて、それがバレないように肌色のテープを張って傷口を塞ぐんだけど、撮影のたびにまた傷口が開くその繰り返し。しかも、アクションも、こう動いたら次はこう返すとか段取りがまったく決まっていないんです。ここで血のりがバーッと出るとかそういうのは決まっているけど、それ以外の細かい動きはキャスト同士で何となく話し合って決めているだけなので、本番になると途中まではなんとか避《よ》けるけど、あとはもうわけがわからなくなってぶつかりまくる。でも止まって撮り直しになるのが嫌なので、ケガをしても痛くてもみんな絶対に途中でやめないんです。ちなみに現場でいちばん大きなケガをしたのは僕で、誰かの刀が耳に当たって26針縫いました。一応、メインの役のひとりだったので日本だったら大騒ぎになると思うけど、主演のミンシクさんも監督も倒れながらやっているような状況ですからね。下っ端の僕がケガしたぐらいでガタガタ言えなかったです。

それぐらいハードな撮影だったけど、誰も文句を言わず、弱音も吐かなかったのはチェ・ミンシクさんの存在が大きかったからなんですよ。韓国の映画俳優の中で彼へのリスペクト感はすごくて、天下のミンシクさんにみんなが着いていくっていう感じでした。

しかも、ミンシクさんはそこまで大御所なのに全然、大御所っぽくないんです。めちゃめちゃフレンドリーな人で、普段はただの可愛いオジさんってところがまたすごいというか。とにかく茶目っ気のある方で、船の上にミンシクさん専用の椅子が置いてあるんだけど、ひとりで座っているのが嫌みたいでいつも「遊ぼう、遊ぼう」って階段を下りてきて、ずっとしゃべっているんですよ。撮影が終わったあとも必ずみんなをご飯に連れていってくれて、酔ったお客に何か言われて挑発されると、それに乗ってケンカしちゃうんです。そういうとき普通はクールに流すじゃないですか、大御所なんだから。でも熱くなって僕らがそれを止めるっていう、そんな人だから本当に誰からも慕われていて。どんなに撮影が苦しくても「ミンシクさんも頑張っている」っていうモチベーションで、全員がひとつになっていたんですよね。

僕が演じたのは日本軍を裏切って朝鮮軍に味方するジュンサという日本人の役で、実在の人物なんだけど要はスパイだったんですよ。それを日本人の僕が演じるということで父親は「出演するならちゃんと歴史を知っておけ」と心配していましたけど、僕自身はそういう役だからどうしようっていう迷いは全然なかった。だって、とんでもない規模の映画で、しかもインパクトのある役ですからね。俳優だったら絶対、出たいと思うじゃないですか。

『鳴梁』はキム・ハンミン監督も「この役をやることで日本と韓国の架け橋にもなる。そういう意味でもこの映画でいちばん得をするのはお前だ」と言っていたんです。正直、僕はそこまで深く考えていなかったんですけど、確かにジュンサ役は評判がよかったんですよね。

ただ、映画の製作発表のときはやっぱりいろいろ聞かれまして。「この役をするにあたって抵抗はなかったのか」とか「この戦争は日本軍の侵略戦争と言われているけど、あなたはどう思うか」とか、答えにくい質問が飛んでくるわけです。でも、絶対に刺激するようなことを言ってはいけないと思っていたので「役がどうのこうのではなく、映画に参加できればよかった」「ハンミン監督の作品にもう一回出たかった」と無難に、でも正直に自分の想いを言ったんです。実際、僕の中では「役だから」という気持ちが強くて、例えば殺人犯の役を演じたとしても、その人物に共感したわけじゃないし、そんなこと言っていたら悪役はできないって話じゃないですか。だから「あくまで映画ですから」ってことをあの場では強調したんですけど、そんな僕をミンシクさんが守ってくれたんです。「彼がこの役を演じたのは勇気がいったと思う。でも、だったら誰がこの役をやるんだ？　勇気を出して演じてくれた彼に拍手をお願いします」って。あの天下のチェ・ミンシクさんが、そう言ってくださったんです。これにはメディアもワーッと拍手して記事にもなりましたけど、僕も本当に嬉しかった。日本人が日本人を裏切るっていうデリケートな役だったので、気を使ってくださったんだと思いますが、そこまで考えてくれたことがありがたかったし、ミンシクさんの器の大きさを改めて感じて。

やっぱりすごい人だなって思いました。

知名度が上がった『ルームメイト2』への出演

『ルームメイト』のシーズン2の話がきたのも、『鳴梁』があったからなんですよね。歴代ナンバーワンの映画で、そこに出ている寡黙《かもく》な日本の武将役ってことでキャラクターがつけやすいというか。『ルームメイト』のぶっ飛んでいるメンバーの中で、ちょっと控えめでクールなそのキャラがむしろおもしろいみたいな、そういうのも含めてキャスティングされたってことなんでしょうね。僕としても『ルームメイト』はシーズン1が韓国だけじゃなくアジアでも大人気だったから映画ヒットの勢いのまま、さらに認知度を上げようってことで、それまでバラエティは避けていたんだけど事務所と話して出演を決めたんです。実際、『ルームメイト』の反響はすごくて、やっぱりバラエティの影響力って映画より全然、デカいなと。おかげでたくさんの人に知ってもらえたんだけど、出ているときはまぁ、大変でした（笑）。

『ルームメイト』は歌手とか俳優とかコメディアンとか、いろいろなジャンルの芸能人が同じ家で実際に生活する、いわゆるリアリティ番組で。タレントやアイドルはみんな出たがるんだけど、当時はKARAのヨンジや少女時代のサニー、GOT7のジャクソンとか、すごいメンバーが揃っていて。ヨンジなんか本当にあの家から「今日は日本に行ってきます〜」ってスーツケース持って出かけて、「ライブをしてきた」だの「音楽番組に出てきた」だの、当たり前のように戻ってきてから言っていましたからね。あと、AFTERSCHOOLのナナも出ていたんだけど、彼女は当時インターネットのサイトで「世界で最も美しい顔」に選ばれていたので、「これが世界一の顔かぁ」って思ったりもして（笑）。まぁ、すごい番組だったんですよ。

僕は〝外国人枠〟のポジションだったけど、もちろん、何もしないでただ、いればいいというわけじゃないんです。バラエティ番組なので「歌え」だの「踊れ」だの無茶振りがすごいんですよ。で、振られたら断れない。やらないと終わらないので。でも、僕としては「オレがやってどうなるの?」って思うわけです。アイドルとかその道のプロが揃っているんだからって、オレがやらなくても……ってなるんだけど、プロデューサーや番組が求めているのはべつにうまくやることじゃない。無茶振りされて嫌がったりとまどったりしている、生の反応が欲しいわけですよ。「パッと見、クールな日本人が困りながらやっている姿が受けるし、そういう素《す》のリアクションがみんな好きなんだよ。そして、君はそれを見せられる!」って、もう、すごい説得されました（笑）。

当時、韓国は外国人ブームで、外国人をいじって楽しむ風潮があったから、なおさらそう見える演出をしていたんだけど、僕以外のメンバーはみんな少しでも目立ちたいわけですよ。歌って踊るのが仕事だし前に出たくてしようがない。でも、僕は人に見せられるような芸もないし、韓国語のトークスキルも低いし、そもそも日本のバラエティに出るのだって、いまだに得意じゃないですから、即興でおもしろいことを言ったりやったりできない。だから申し訳ないって思っちゃうんですよね。でも、メンバーはそんなことおかまいなく振ってくるので、もう恐怖でしかない（笑）。5urprise（サプライズ）って俳優5人で構成されたアイドルグループのソ・ガンジュンも僕と同じ〝やりたくない組〟で、みんなといるときは周りと目が合わないよう、2人でビクビクしていましたね。

どうしてもやりたくないときはトイレにこもっていたこともあるんですよ（笑）。トイレだけが唯一、カメラがなくて落ち着ける場所だったので「はぁー……嫌だなぁ」ってひとりで座ってぼやいてた。でも、すぐに作家さんから「早く戻りなさい。みんな集まっているから」って催促の電話がくるっていう。

韓国は女性の放送作家さんが多いんだけど、ひとつの番組に何人もいて。それぞれが個々にタレントを担当して、指示を出したりケアとかもするんです。だから作家同士の争いもあって「私が担当するタレントにもっとやらせてほしかった」って、プロデューサーによく言っていましたよ。僕は逆に担当の作家さんに「僕が歌ったり踊ったりしないようにしてほしい」とお願いしていたんだけど、部屋に入ってしまえば台本があるわけじゃないのでどうにもならない。みんな好き勝手にやっていて、でもそれでしっかり回していけるメンバーなんですよね。『ルームメイト』は本音トークも人気のひとつなんだけど、なかには酔っぱらって言っちゃいけないことまで言い出すメンバーもいて。カメラが回っているのにグループの秘密を暴露しちゃうんですよ。で、「大丈夫？　それ」って言うんだけど「いいの、いいの。どうせ編集で切るから」ってケロっとしてる。でも、カメラが回ってなくてもスタッフは全員、聞いているじゃないですか。いいのか？　ってハラハラしたことが何度かありました。実際、シーズン1のときは言っちゃいけないことを言ったメンバーがいて。編集で切ったはずなのにどこかからそれが漏れてしまって大問題になったこともあるんですよ。

あと、カメラが回っていないところで女性の出演者同士はいろいろ不満もあったらしい。やっぱり人気やネームバリューの格差で番組側の扱いも変わりますからね。でも表に出るときは出さないですよ、もちろん。そこらへんはみんなプロなので。

男同士は全然、そういう問題はなかった。むしろ僕やさっき言ったソ・ガンジュンとかパク・ミヌの俳優組は目立たなくていいという考えで、できればそってしておいてくださいってスタンス（笑）。で、そんな僕らを目立つメンバーが無理やり引っ張り出す展開が受けていたので、俳優組は欲がないから呼ばれたのかもしれない。全員が「オレがオレが」のタイプだとぶつかってしまうから「いいよ、いいよ」って遠慮する僕らを入れて、バランスを取っていたんでしょうね。

まぁ、でもなんだかんだ言ってもみんな仲がよかったからいい思い出のほうが多いです。いま観てもいろいろなコーナーがあって番組としてもよくできているし、芸能人とシェアハウスするなんてレアな経験は二度とできないじゃないですか。いろいろやらされることを苦手意識なく無邪気におもしろがれたら、もっともっと楽しめたんだろうなって思います。

自分の性格、韓国の国民性

『ルームメイト』では僕が嫌がれば嫌がるほどスタッフもキャストもおもしろがり、視聴者にも受けて好感度が上がっていく流れがパターンになっていたけど、僕自身はそれを意図的にやっていたわけじゃないんです。僕はできないのに前に出るとか、メインじゃないのに中心になるとか、普通に無理なんです。例えば5～6人で記者会見の囲み取材を受けるときも「大谷さんこちらへ」と言われるまでは端で待っちゃう。スタッフやキャストと集合写真を撮るときも、真ん中は絶対に避けるし、「中央に来てください」と言われても「え、いいんですか」って恐縮したりして（笑）。出なきゃいけないときは出ますけど基本、好きじゃないんでしょうね。あと、感情を表に出すのも苦手というか。普段からあまり感情的にならない性格で、そこはどこで誰といても変わらない。いまでも「何を考えているかわからない」ってよく言われますから。

『ルームメイト』で香港に住んでいるジャクソンの両親がサプライズで登場して、メンバーみんながワーッて感動して泣いたことがあって。そのときちょうど、親友の有樹がゲスト出演していたんだけど、僕ら2人は「なんでそんなに泣くの⁇」って頭が？になっちゃったんです。だって、べつに生き別れの親と会ったんじゃないんですよ。なんなら僕らだって海外で仕事をしているわけで「オレら、ここに親が来たら泣くか？」「いや、泣かない」って話していましたね。

韓国の人って喜怒哀楽がはっきりしているんですよ。男性も女性も感情に流されるまま表現する人が多いけど、日本人は感情を抑えるじゃないですか。だから韓国で「日本人って」って言うときはたいてそこを突いてくる。「壁を作る」とか「本心を言わない」と思うみたいです。僕も韓国にいる間は「感情をもっと出して」ってめちゃめちゃ言われました。でも、性格がアマノジャクなんですかね？「出せ出せ」と言われれば言われるほど出せなくなる。そのおかげで11年間、韓国にいても自分を見失わずにいられたのかなって気もするんですけどね。

ただ、僕自身は韓国の人の感情的に熱い部分は全然、嫌ではないんですよ。自分が抑えるタイプだからむしろわかりやすくていいなって思う。演技でも韓国の役者さんが感情のスイッチがポンと入ったときの上がり方ってすごいんですよ。爆発力がとんでもない。あのエネルギー量はかなわないなって思いますね。

それに、韓国の人のよくも悪くもアバウトなところも日本との違いを感じました。彼らはメールのやりとりとかすごく適当で、例えば今日の夕方に会う約束をしたら、普通は事前に場所や時間を決めておくじゃないですか。でも、韓国の人はこちらから連絡しないと何も言ってこないし、決めたとしても「7時にどこ」じゃなくて「7時くらいにここらへん」みたいな(笑)。すごくザックリしていて10分、20分は普通に相手を待たせることが多いんですよ。で、店の予約も当然しないですから、会ってから「どこ行く?」ってつねに行き当たりばったりなんですよね。僕は時間をキッチリ守るほうだし、プランを立てて行動したいタイプなので最初の頃はめちゃめちゃイライラしました。でも、そこに関しては郷に入れば郷に従えでだんだん馴染んでいって、こちらもどんどん適当になっていきました。「7時くらいって約束したら10分くらい遅れてもいいかな」って感じだったから、いまよりかなりおおらかだったんじゃないかな（笑）。

韓国時代をこうやって振り返って話していると、改めて仕事もプライベートも普通に楽しかったなって思いますね。日本に帰ってきてからインタビューとかで「大変だったでしょ？」って聞かれ方をすごくされますが、苦労エピソードが申し訳ないほど出てこない（笑）。それぐらい向こうの生活が自分には合っていたし楽しかったし、人間関係も仕事と同じくらい大切だったんですよね。だから最初は2年で帰るつもりが、結果、仕事に恵まれたこともあって11年もいることになったのかなと。もっとビジネスの場って割り切っていたら、さっさと戻ってきたと思いますよ。

でも、人生の3分の1ぐらいを過ごしたから、いまはもう完全に自分の一部になっていて、もはや外国という概念もない。もうひとつのホームであり、でも自分の国ではないっていう不思議な感覚で。11年の韓国時代をひと言で言い表すなら、バケーションって言葉がいちばん近いかもしれない。すっごく長いロング、ロングバケーション。

その感覚って海外生活をして日本に戻ってきた人はわかると思うんですが、外国に住んでいると、その土地にいるときだけの期間限定というか、日本にいるときとはちょっと違う海外仕様の自分になるじゃないですか。例えば僕は向こうにいる間はすごい引っ越し魔で。韓国の人は家も仕事も飲む店も頻繁に変えたがるから、それがうつっちゃって11年間に8回ぐらい引っ越しをしたんですよ。でも、日本だとそこまで動かないから、引っ越し魔になるのは韓国バージョンの習慣なんですよね（笑）。

それと、韓国は僕にとっては大人デビューの場所でもあるんです。ソウルに行くまではバレー漬けで友達もスポーツ関係しかいなかったけど、いろんなジャンルの知り合いができて、お酒も夜遊びも初めて覚えて。プライベートも仕事もすべてがここから始まったっていう感じ。でも、頭の中では日本にいつかは帰るという気持ちがつねにあって、韓国での生活は道の途中という意識だったから、ある意味、充電期間って感覚もあるんですよね。すごく長い充電ですけど、そう考えると、嫌な思いもせず追いつめられることもなく。本当に贅沢な時間を送らせてもらったなって思います。だから、『ルームメイト』出演後、いまの事務所のアミューズとのつながりができて、日本に戻るって決まったときもごく自然に「あ、いよいよ次のステップに進む時期がきたんだな」って、くるべきタイミングを感じたんですよね。そういう意味ではやり残した感はなかったんだけど、どうせ帰るなら、もう少し1個1個の仕事をいい意味で好き勝手にやってもよかったかなって思う。日本人なので遠慮している部分がどこかにあったけど、むしろ〝外国人枠〟ってことでいろいろ許されていた部分もあったから、それをフルに使ってもっと大胆になってもよかったかなと。

まぁ、でも、それができない性格なんですけどね（笑）。

日本に拠点を移す決断は「直感」

日本に戻るきっかけになったのは、『ルームメイト』シーズン2に出演のあと、『鳴梁』の出演者として招待された釜山映画祭に行ったことです。ここで僕が所属していたソウルの事務所のスタッフと、日本から来ていたアミューズのスタッフが会ったんです。「うちに大谷亮平っていう日本人俳優がいるんですけど」という話になり「じゃあ、一回、会いましょうか」って、そんなやりとりがあったようです。

アミューズはアジアにもブランチを置いていて、釜山で会ったスタッフはアミューズ・コリアの代表を務めていた人でした。で、月一回ぐらいソウルに来ていたので、そのたびに一緒に食事をするようになって。いろいろ話をしていくうちにだんだんと「日本でやっていきましょう」という流れになったんですね。

僕自身も、機会があれば日本で活動したいと思っていたので、いいタイミングでアミューズとの出合いがあったなと思います。ただ、その頃は『神弓』と『鳴梁』とヒット映画が2本続いて、さらに『ルームメイト』で知名度も上がっていたから、韓国での活動が昇り調子の時期ではあったんですよ。映画を撮る前は韓国での仕事をあきらめかけたり、台湾に行ったりしたこともあったんですが、その後は仕事がうまく回り始めていたので「何とかなるだろう」と気分的にはちょっと落ち着いていました。だから焦りはなかったし、うまくいっているときって先のことをあまり考えないじゃないですか。なので引き続き、韓国で上を目指していくしかないなという状態でした。

ただ、やっぱり言葉の問題があるし、いくら『ルームメイト』で人気が出ても、僕は役者なのでいい作品に出合えないとしようがないし、年齢も30歳を越えたし……と、いろいろ考えなくてはいけない問題もあって。映画出演にしても、たまたま運よく、いい作品といい役に恵まれましたけど、そのあと続くかどうかはわからない。例えば『鳴梁』にしても、日本の武将が何人も出てくる作品だけど、日本軍のトップを演じたのは『神弓』で一気に人気が出たリュ・スンリョンさんですし、メインの日本人キャストは僕だけだったんですよ。やっぱり韓国内で映画をヒットさせたいとなると、そんなに有名ではないネイティブな日本人を使うより、少しくらい違和感があってもお客さんを集められる韓国人俳優さんに出てもらったほうがいいという選択になるわけで。そう考えるといまはいいけど、いつかまた壁にぶつかるってことはわかってはいたんですよね。

だから、どこかで「いずれは日本で」と考えながら、でも、そのためにすぐ動くという感じでもなく、そのツテもないしという状態で。そんなときにアミューズとの出合いがあったので、これはいいタイミングなのかなと。しかも、前にも話しましたけど、ソウルの事務所のスタッフもすごく協力的で「韓国では言葉がどうしてもハンディキャップになるし、演技の仕事をしたいならやっぱり母国語のほうがいい」とプッシュしてくれたんです。「そういうチャンスがあるならいつでも応援するよ」とまで言ってくれて。だから状況のすべてが「日本へ」という流れになっていったんです。ただ、最終的に日本に戻ろうと思った決め手となると正直、きちんとした説明ができない。というのも当時はあまり深く考えていなくて、最後の最後は直感で決めてしまった部分があるんですよね。

そんなアバウトに決めたのかって思われるかもしれないけど、韓国に行くときもいろいろな要素が重なって最後は結局、直感で決めましたからね。僕は大きなことを決断するときは、ただ何となくということが実はほとんどなんですよ。

多分、「決める」というより、気がついたら流れに乗ってそっちに動いていたという感じなので、自分でも理由づけができないのかもしれない。だから、人に話すときがいちばん困るんです。「どうして日本に戻ろうと思ったんですか？」と質問されて、いい大人が「直感で決めました」なんて……それ、ダメな答えじゃないですか（笑）。でも本当にそうだからほかに言いようがないんです。

僕の場合、性格的にはすごく慎重派でめちゃくちゃ悩むし、いろんな可能性を検討して細かいところまで計算もするんですよ。でも、そうやってあれこれ考えるくせに、本当に真剣に考えなくてはいけない決断となるとほぼ、直感に任せる両極端なタイプで。直感でスタートしてから、「どうやってゴールに行こうか？」と悩むんですよね。

どうしてそうなのか自分でもわかっていないから、そこを言葉にするのが難しい。しかも「直感派ですから」とか強いこだわりを持っているわけでもないから、いざ誰かに「でもね、大谷さん、こうしたほうがいいんじゃないですか？」って説得されると、簡単にグラつくんです。確たる考えがあるわけじゃないので、理屈で攻められると反論できない。理屈と直感ではそもそも議論が成立しないですから、とりあえず「そうですよねえ」って相手の意見を受け入れてしまうんですよ。

だから、ブレることもしょっちゅうで、優柔不断になって決められない場面も多い。ただ、それが行き過ぎると今度は自分の中で極論を持ち出してくるっていうヘンな癖があって。特に相手から「絶対、こうだから」みたいに持論をゴリ押しされると、その癖が出てくるんです。

これは本来のアマノジャクな性格と父親譲りの理屈っぽさからきているんだと思うんですが、絶対って力説されればされるほど、「いやいや、絶対の答えなんかないから。そんなこと言ったら世界に答えが1個しかないってことになるでしょ」と思ってしまうんです。で、「あなたは熱弁をふるっていますが、例えば世界のトップが違うことを言ってもその持論を貫けますか？」って、しょーもない理屈を持ち出す。屁理屈をこねる子供みたいに（笑）。理論に弱いのに理論を振りかざされると「そんな理論、いくらでもひっくり返せるけど」と反発したくなるんですよね。まぁ、一応、大人なので口にはしませんけど（笑）。

多分、人に意見を押しつけるタイプじゃないので、自分が押しつけられるのも嫌なんでしょうね。僕は相談ごとをされたり、落ち込んでいる人を励ますときも「こうしたほうがいい」と決めつけるような言い方はしないタイプなんですよ。どちらかというと「どうしたらいいんだろう」と一緒に考えるタイプで、思ってもいないのに「大丈夫だよ」とか「なんとかなるよ」と適当に慰めたりしないですね。そこはすごく真剣に向き合うようにしています。

ただ、相手が女性だと、それが逆効果になることもありますよね。若い頃、それで失敗したことがあって。悩みを相談されたので僕は状況を分析して解決策を延々と話し続けたんです、よかれと思って。そしたらいきなり泣き出してしまって。「そういうことじゃない、大変だったねとか頑張ったねってひと言、言ってほしかっただけなのに」と言うわけです。「そんな簡単なことでよかったの？」とは思ったけど、これ、典型的な男女のすれ違いパターンですよね。当時は若かったので、そういう女性心理が理解できなかったんですよ（笑）。

〝逆輸入俳優〟〝第二のディーン・フジオカ〟

……話が逸《そ》れましたけど、僕は自分の中に確固たる芯や信念がないんだと思います。「オレはこうだ！」って絶対的な方針がないから、人の意見を聞いたり話しているうちにブレてくる。いま、こうして話していることだって、本当に自分の土台になっている考えかと言ったら、それもまた違う気がするし。そのへんは自分でもよくわかっていないんですが、定まっていないことが悪いとも思っていないんですよ。ひとつの「正解」がすべての「正解」ではないわけで、価値観や常識なんていくらでも変わるから、むしろ、その都度、変化を受け入れられるようフラットでいたいんです。

その考えのベースにあるのはバレーボールの経験だと思います。スポーツって理屈ではどうにもならない世界じゃないですか。僕自身、中学まで「絶対」だと思っていた自分の実力がアッサリ覆されて、自信が一瞬で崩れ落ちてしまったわけで。でも、スポーツってそういう場面がいくらでもあるから、どれだけ理論が立派でも結果を出さないとなんの意味もないなって、ある種の達観がないとやっていけないんです。身を持ってそれを思い知らされているから、理論や理屈にこだわりながらも最終的には流れに身を任せるじゃないけど、正解も不正解もない、漠然とした直感や感覚で動いてしまうのかもしれない。


まぁ、とはいえ、これも日本に戻るときの心境を自分なりに考えた後づけの理屈です（笑）。無理やり言葉にするとこういうことなのかなって話。

ただ、背中を押してくれた外的な要因はいくつかあって、ひとつは親友の有樹の言葉ですね。僕は逆輸入俳優ということで韓国にいるときから〝第二のディーン・フジオカ〟と言われていて、インタビューなどでも「それについてどう思いますか？」って当時、ずいぶん聞かれたんです。最初は特に気にしていなかったのに、もしかして〝第二の〟と言われるのはいいことではないのかな？ってだんだん不安になってきて。それを親友の有樹に相談したら「いや、覚えてもらうきっかけになってよかったんだよ」って言ってくれたんですよ。「ディーン・フジオカさんのようになりたいと思ってアジアで活動している日本人はたくさんいる。亮平はそのチャンスを掴みかけているわけだから、喜んでいいんじゃないか」と。有樹は台湾を中心にアジアでずっとモデルをやってきていて、成り上がろうと必死になっている人たちもいっぱい見ているんですね。そんな彼の言葉だったから余計、説得力があって。そうか、そういう考え方もあるんだなと、プラスに考えられるようになったんです。だから、いまでもバラエティ番組なんかに出ると言われますけど「言ってもらえるだけありがたいな」と思いますよ。

あともうひとつはやはりアミューズとの出合いですよね。何度も言っていますけど、僕は本当に人に恵まれていて、あのタイミングでアミューズのスタッフと会えたのもすごいチャンスで、結果的に周りに助けられ動かしてもらえたなと。でも、こんなに恵まれていると、この後の人生は大丈夫なのかってちょっと心配にもなりますよね。とんでもないオチがどこかにあるんじゃないかって、本当に怖いときがある（笑）。

アミューズと契約して日本で仕事することが決まってからも、韓国でスポーツバラエティ番組のレギュラーが残っていたので、しばらくは行ったり来たりの生活でした。番組が毎週水曜日の収録だったので、前日の火曜日にソウルに飛んで収録して、木曜日に日本に戻るという生活。でも、その頃になると気持ちはもう完全に「日本」でした。新しい生活、新しい仕事に頭は切り替わっていて、「なんとかなるだろう」という甘い考えもゼロだった。自分のスキルとキャリアを考えたら「なんとかなる」なんて楽観的に考えられる次元じゃないし、かといって「できないかもしれない」って不安要素があっても、自分のためにどれだけの人が動いてくれたかを考えたら「じゃあ、やりません」とは言えないですから。「やるしかない」「結果を出すしかない」って崖っぷちの状態で、とにかくなんとか食らいついていこうという気持ちでした。

〝普通の芝居〟に自信が持てなかった『ラヴソング』

そんな中で決まった日本での最初の仕事が月曜日夜9時のフジテレビのドラマ、〝月9〟の『ラヴソング』だったんですが……いきなりすぎて不安しかなかったです（笑）。決定してから初めて現場に入る日まで「あと何週間、あと何日……」と心の中でカウントダウンしてましたから。で、いよいよ当日になったときは「本当に来た、この日が。そりゃ来るわな」なんて自分に突っ込んだりもして（笑）。緊張している自分を見ている冷静な自分がいるみたいな、そんな感じでしたね。

ちなみに主演の福山雅治さんとは事前の衣装合わせのときに初めてお会いして、ご挨拶をさせてもらったんですが、第一印象は「細っ！」「背、高っ！」でした。がっちりしているイメージがあったんですが、その日は白い服を着て白いストールを巻いていて、全身真っ白だったから、余計「あっ」って思わず声が出るくらい、スラッとして見えたんですよ。で、握手をしてもらったんですけど余裕がなくて顔を全然、見られなかったという。普通に、スターに会ったときのファンの反応でした（笑）。

初めての撮影の日もフワフワして地に足が着かなかったです。韓国でしかドラマを撮ったことがないから日本のドラマの現場にいても現実感がないというか。やることはあまり変わらないんだけど別世界にいるような感じで、座っているのに座っていないような、歩いているのに歩いていないような。あくまでイメージですけどそんな感覚で。5話目から撮影に入ったということもあって、それこそ転校生みたいな感じですよ。自分が生まれた日本のドラマの現場にいるからアウェイ感はないけれど、一方で「自分はここにいていいのかな？」って場違いな感じもあってホームでもないという。「なんだ？　この感じ？」って自分の立ち位置がよくわからなかったですね。

で、これではダメだと思って「自分と同じ境遇の人はいくらでもいる」と考えて気を紛らわそうとしたんです。朝ドラのヒロインだって新人の子が演じることもあるし、野球でもいきなり一軍のレギュラーで打席に立たされる人もいる。でも、そこで「自信がないし、怖いからやめます」って人はいないんだから、そのプレッシャーに比べたらオレなんて全然、楽なはずだと、あれこれ考えて不安を取り除こうとしたりして。ま、全然、効果がなかったですけど（笑）。

僕、昔から自己暗示をかけられないタイプなんですよ。だから「やればできる！　Do it!」って自分を鼓舞できる人がうらやましかったりもするんですが、僕は自分を騙せない。むしろ、無理をしている自分を客観視してさらにネガティブになっていくんです。このときはまさにそのループにハマっていましたね。

撮影が始まってからも、とにかく周りの人の足を引っ張らないようにするだけで精一杯でした。撮影前に演技指導の先生についてもらって「ここのセリフはこういう言い方にしよう」とか、ひととおり練習して準備はしていったんですけど、現場ではそれをそのまま提出しただけという感じ。とりあえず練習どおりにやりましたというレベルで、自分なりにリアルな演技をするところまでは余裕がなくて全然、いけなかったです。監督に対しても「これでいいですか」「ここはこうしますか」なんて言えるレベルではないですからね。言われたとおりにやって、ＯＫが出たらそれまでという感じでした。

ただ、最終話の福山さんとのシーンで、福山さんがちょっといじってくださって、バーンと膝を蹴るツッコミもあって楽しかったのは憶えています。それに「あんまり気にしなくていいよ」とか「リラックしてやろうよ」と何度か声を掛けてくださったりもして。韓国の話をして撮影の合間にくつろいだりもしましたけど、演技そのものはまったくダメでした。

日本で再スタートするとき、韓国で11～12年、俳優をやっていたんだから、それなりのスキルはあるだろうという見られ方をされたんですよ。経歴を見ればド新人ではないですから。でも実際のところ、芝居の経験は新人の域を出るところまで積んでいないんです。プロフィールだけ見ると出演作がズラッと並んでいますけど、一作一作のスパンがすごく長かったし、作品のジャンルも時代劇やアクション系がほとんどで、実は〝普通の芝居〟はあまりしていないというか。

スイッチが入っていきなり泣くとか、エキセントリックな演技なら、まだなんとなくできるんです。気合いを入れて一回、爆発させればあとはもう勝手に動くので。でも、淡々としたニュートラルな芝居となると経験値が極端に少ない。ただ座って食事をするとか、普通に会話をするとか、そんな当たり前のことをリアルに演じられるかどうかが、芝居の基本だと思うんです。でも僕はその場数があきらかに足りていない。しかも、韓国と違って日本のドラマはそちらのほうが主流じゃないですか。

だから『ラヴソング』のときはとにかく自信が持てなかったし、できないことで周りをがっかりさせることが不安だった。僕をキャスティングしてくれた人たちを「大谷じゃなければよかった」と失望させることが何より怖かったんです。本当にきれいごとではなく、自分のせいで誰かが落胆したり悲しむことのほうがキツかったんですよね。

それをはね返すぐらいの安心材料というか、「オレの武器はこれだ」と言えるものが何もなかったんですよ。僕、韓国時代は〝目〟をよく褒められていて。目でキャスティングされることも多かったんだけど、言い換えるとそれ以外に取り柄がないということじゃないですか（笑）。そこはイヤというくらい自覚していて、それこそ自分は騙せないから余計、不安を抑えられなかったんですよね。

嬉しくも苦い経験だった〝逃げ恥〟

『ラヴソング』のあとに出演したＴＢＳの〝逃げ恥〟（『逃げるは恥だが役に立つ』）のときは、経験値の少なさがさらに自分の中でネックになりました。メインのキャストはみんな、僕の10倍以上、場数を踏んでいる。「でも自分はやってきていない。ヤバい、バレるぞ、迷惑をかけるぞ」というところがいちばん心配でしたね。

このドラマの風見涼太役は最初から決まっていたわけではなく、僕は候補者のひとりだったんです。その段階でとりあえずドラマのプロデューサーを含め４人ぐらいで「一回、会いましょう」ということになったんですが、そういう偉い人と会う機会がそれまであまりなかったので、僕には相手のリアクションがいいのか悪いのかよくわからなくて。ああいう場って微妙な空気になるんですよ。何かの拍子で全員が黙って一瞬、シーンとなったり。でも、まぁ、そこで無理に自分を作る必要もないから普通にしていたんですけど、結局ドラマの話にはあまり触れなくて。世間話で終わったので、「あ、これは無理だな」と思ったんですよね。

だから（役が）「決まったよ」とマネージャーから聞いたときは「ダメじゃなかったんだ」という安堵感が大きかった。それと日本で俳優としてスタートを切ってから、こんなにすぐに大きな役がきて「運がいいな」という思いと、「大丈夫か？」という不安と、いろいろな気持ちが混ざっていました。

「テレビ局によってドラマの現場も雰囲気が違う」とよく言われますが、僕は『ラヴソング』しか知らなかったので、〝逃げ恥〟の現場に入ったときの雰囲気の違いとかは、全然わかりませんでした。

出演者もスタッフも変わっているんだから違って当たり前なんですが、それを客観的に見る余裕すらなかったというか。「どうしたら自分の役をちゃんと演じられるか」ということで頭がいっぱいいっぱいになっていて、まったく周りが見えなかったんですよね。

風見という役についても、彼がどういう人間なのか掘り下げるというよりは、とりあえず素直に向き合うことしかできなくて。撮影中はシーンを撮り終わるたびに「全然、ダメだ」と反省して、次はそれを踏まえて改善していく、その繰り返しでした。

回が進むごとに世間でブームになって盛り上がっていく間も、自分の中では特に実感がなかった気がします。ほかのキャストも浮かれるタイプの人はいなかったので、現場はわりと淡々としていましたよ。誰かがワーッとなるわけでもなく、いつもどおりにやりましょうという感じでみなさん冷静で、そういう意味では僕だけが、「それどころじゃない」ってテンパっていたかもしれません。日々、追い込まれていて、つねに「次のシーンはどうしよう」ということしか考えていなかったですからね。オンエア中は家に帰っても無意味に台本とにらめっこしたりしていて、外に遊びにも行かず本当に仕事、家、仕事の毎日でした。

NGも多くて……。『ラヴソング』は登場シーンが少なかったからそうでもなかったんですが、〝逃げ恥〟はそれなりに大きな役だったのでボロが出たんですよね。

いちばん多かったNGは、自分が「こうだろう」と役の解釈をしてある程度、準備をして演じたものを監督から「そうじゃない」ってダメ出しされてしまうパターン。そうなると、経験も技術もないからどうしていいかわからなくなってしまう。引き出しがないから、違うことを要求されても臨機応変に対応できないんですよ。で、その場で自分にないものを無理やり引き出そうするから、今度はどんどん自分を抑える状態になって、役そのものが活き活きしなくなってしまうという悪循環にハマっていって。要は完全にやる気が空回りしていたんですよね。

ドラマがヒットしていたので余計、周りもそんな僕を放っとけないというか。新人みたいな僕がそれなりに重要な役をやっているということで、いろいろな人が心配してくださって、監督だけじゃなくプロデューサーまでセットに入ってきて、アドバイスしてくれたこともあったんです。TBSのすごく偉い方なんですけど。これにはほかのキャストやスタッフも「あの人がここまでするのは見たことがない」とびっくりしていて。それだけ風見という役にも、それを演じる僕にも期待してくださっていることが伝わってきて、いい意味での驚きでした。でも、当時の僕はそれをポジティブに考えられなかった。「そんな偉い人が指示を出さざる得ないほど、オレは心配されているのか」って、さらに落ち込みましたからね。

そんな中で唯一、ホッとしたのは風見と、石田（ゆり子）さん演じる土屋百合のカップルを視聴者の方々が好意的に見てくれたことですよね。ドラマのヒットも含めて、それだけが本当にギリギリの救いでした。

評判がよかったからこそ、もっと余裕を持って楽しみたかったという後悔もあります。楽しくやるのは相当難しいとは思いますが、せっかく石田さんと2人のシーンが多かったんだから、あそこまで自分を追い込んだりしないで、もう少しうまくキャッチボールをするというか、2人で作っていく感じにできたら、よりおもしろかったんだろうなと思う。まぁ、でも、それはいまだから言えることで、あのときはとてもそんな心境じゃなかったですね。監督から「それ、違うよ」と言われるたびに軽くパニックになるし、石田さんは優しい方ですから、そんな僕を見て「大丈夫ですか？　やりづらくないですか？」って気を使ってくれるし、そこまで心配をされてしまう自分がまた痛いし……。もう、わけのわからない感じになっていましたね。あれだけ大ヒットしたドラマに出られたなんて本当、奇跡だと思うし、大きなキャリアになりましたけど、当時のことをひとつひとつ思い返すといまでも、ちょっと苦いんですよね（笑）。

苦い経験も含めて〝逃げ恥〟はもっと場数を踏まなければダメだと実感させてくれたと同時に、「やっぱり、甘くないよね」と思い知らされた作品でした。でも、そのおかげで地に足が着いた感覚もあったんですよ。日本に戻ると決めたときから、すぐに通用しないだろうって覚悟はしていましたけど、それを現実として突きつけられて、むしろ肚《はら》が座った感じ。逆に、「オレはいけるだろう」って自信満々だったら怖かったなと思いますね。それで本当にできてしまう人もいるかもしれないし、そういう普通じゃないレベルの人たちが集まっている世界ではあるんだけど、自分は普通の人で、しかも「基礎と経験がないとダメだ」って体育会系の考え方をするタイプだと改めてわかった。〝逃げ恥〟はそんな僕の立ち位置を改めてハッキリさせてくれたんですよ。

あれだけヒットした作品ですから、終わったあとの反響はすごかったです。地元の大阪に帰ったときもわかりやすいリアクションがあって素直にそれは嬉しかった。ただ、街を歩いて気づかれることは記憶の中ではなかったですね。変装も何もしないで歩いていましたけど僕ぐらいだと誰も気に留めない（笑）。一度、マネージャーと一緒に電車で移動しているとき、3〜4人の女の子たちのグループが「あっ」って騒ぎ出したので、マネージャーがさりげなく車両を移動したらしいけど、僕は全然気づかなかったですしね。

俳優って認知されるまでがまず、大変な仕事じゃないですか。そこまで行けずに終わってしまう人がたくさんいるわけで、僕だってあんなに早く名前を知ってもらえるとは思ってもいなかった。日本に戻るときも事務所のスタッフは（知ってもらえるまで）「3年はかかるんじゃないか」と言っていましたけど、僕自身は「3年でも無理だろうな」と、それくらいのイメージでしたから。そう考えるとやっぱり、とんでもなくラッキーだったと思います。

自然に役に入れた『奪い愛、冬』

〝逃げ恥〟のあとすぐに出演が決まったドラマが、テレビ朝日の『奪い愛、冬』でした。またメインキャストってことだったんですが、ほんの少しだけ落ち着いてできたかなと。もちろん不安はありましたけど、〝逃げ恥〟のおかげで揺らぐ自分に慣れたというか。それでもやるしかないと開き直れるようになったんですよね。

それに、信（森山信）という役が演じやすかったのも大きかった。このドラマは信以外、めっちゃ濃いキャラクターばっかりだったんですよ。水野（美紀）さんも三浦（翔平）さんもぶっ飛んでいて（笑）、信はそれをただ、受け止めるというか。降りかかってくる火の粉に対応していく受け身の役だから、むしろ何もしないほうがいいぐらいの心構えでつねにやっていたんですね。そういう意味ではちょっと素《す》の自分に近かったかもしれない。僕も周りがワーワーすればするほど冷めていくタイプなので。〝逃げ恥〟の風見は自分とまったく違うキャラクターだったから、ないものを無理に引き出していく作業が必要だったけど、信は特に色をつけずに自然にできたんですよ。

声のトーンとか目線の振り方とか、外見的な部分もあまり計算しないでやりました。ダメだとわかっているのに流されて不倫に走ってしまうという、信の心理を理解していればおのずと〝らしさ〟が出ると思ったので、あえて作らないほうがいいという気がしたんです。ただ、それもいろいろ考えながら探り探りやっていって、そこに行き着いたという感じなんですよ。初めからすんなりできたわけじゃなくて「これでいいのかな」「できているのかな」と思いながら、最後まで悩んだ結果、そういう表現になったというか。それもこれも〝逃げ恥〟効果で、少しは役に対する理解力が上がったのかもしれません。

あと、『奪い愛、冬』のときは最初にやるだけ演技をやってみて、ダメなら監督に相談してみるパターンもありだなという選択肢が自分の中にできたんですよ。『ラヴソング』や〝逃げ恥〟ではそれすらできなくて、自分だけでなんとかしようとするから余計、空回りしていましたけど、今回はとりあえずトライして相手（監督）に投げるというやりとりができるようになった。コミュニケーションの大切さを改めて痛感したんですよね。

ダメ出しイコール否定されたというメンタルになってしまうと、自分から何も発信できなくなってしまう。それは相手がどうのということでなく、完全にこちら側のコンディションの問題で、やはりそれも経験値なんだと思います。『奪い愛、冬』で監督に相談できるようになったのも、3本目ということでちょっとずつ周りが見えてきて、自分からコミュニケーションをとっていいんだと思える余裕が出てきたからなんですよ。そのおかげで技術的にも精神的にもほんの少しですけど、自由度が上がった気がするんですよね。

『ラヴソング』から始まり〝逃げ恥〟のブーム、3本目の『奪い愛、冬』まで、日本に戻ってから1年間ぐらいのことで。環境も状況もめまぐるしく変わった時期だったんですが、いま振り返ると、このあとの1年のほうが、自分にとっては激変だったし、キャリア的にも激動だったと思います。

一番大きく変わったのは自分の取り組み方で、『奪い愛、冬』までは来るものに対して対応するだけで精一杯というギリギリのところでやっていて、正直、自分が何をやっているのかもわからないような状態だったんですね。でも、そのあとぐらいから少しずつ自発的に動けるようになって、なんとか自分の足で立っている感覚を持てるようになってきたんです。

監督やプロデューサーとの関係

『奪い愛、冬』から朝ドラの『まんぷく』が決まって撮影に入るまで、1年数カ月ぐらいの期間なんですけど、その間に出たドラマと映画の出演本数が数えたら全部で18本あったんです。ちょこっと出演しただけの役もありましたけど18本って結構、すごくないですか？　自分でも「頑張ったなぁ」と思いますが、つねにどこかの現場にいて撮影をしながら次の作品のセリフを覚えるみたいな感じでした。同時並行で次から次へとつながっていって時間軸すらよくわからない、まさに激動だったんですよね。

でも、その中で僕と同年代か年下の監督やプロデューサーと一緒に仕事した経験はすごく大きくて。特に配信ドラマの『チェイス』や映画の『ゼニガタ』などはキャストとスタッフが一緒に作っていくって感覚になれた作品だったのですごく印象が強いんです。

どちらの作品も自分が主演ではあったので、僕からどんどん監督とコミュニケーションをとりにいかないとやっていけない状況だったんですが、やはり年が近いとなにかと話しやすいんですよね。気になることがあればすぐ聞けるし、「こんなこと提案したらダメかな」とか構えなくてもいい。ＬＩＮＥで連絡を取り合ったりもしていたから、プライベートなこともラフに話せるし、飲みにもいって深い話もしたりして。監督やプロデューサーとそういうオープンな関係性を築けることがすごく新鮮でしたね。

韓国の場合、『鳴梁』のキム・ハンミンさんなどは特にそうでしたけど、監督は絶対的な存在という意識が強くて。大御所のチェ・ミンシクさんが監督とぶつかる場面があっても、僕ら下々のキャストは何も言えないのが当たり前だったし、監督を頂点としてキャストとスタッフが一丸となっていく感じも好きなんです。作品は監督のもので、どうすればいいかも監督がいちばんわかっているだろうし、こちらも経験豊富な監督の現場では学ぶことも多いじゃないですか。しかも、ハンミンさんなんかは厳しいけど、それ以上に愛情を感じるからどんなに無茶なことを言われても反発する気持ちにはならないんですよ。

だから、インタビューなどで俳優さんが「同世代の若い監督とやってみたい」って言っているのを見ると「なんで?」って、ちょっと意味がわからなかったんです。でも、実際に若い世代の人と一緒にやってみて、その気持ちがわかった。ちょっと失礼な言い方かもしれないけど20代、30代ぐらいの人たちってまだ成長途上でいろんなことを試したい段階だから、対等の立場でいてくれるというか。僕らキャストにも「これでいいですかね？」ってどんどん意見を求めてくれるんですよ。最初は「え、オレに聞く？」「監督が決めないの？」と思ったんですけど、考えや意見を求めてくるのはお互いに納得するものを作りたいと思ってくれているからだってだんだんわかってきて。こちらも作品への〝参加感〟が増していくんですよね。

まぁ、求められなくても、ちゃんとそういう気持ちになればいいだけの話ですけど（笑）、若い監督たちと仕事をすることで初めて一緒に作り上げていくおもしろさを知ったんだと思います。「そういうやり方もありなんだ」って。その感覚はすごく大切で、自分を追いつめてひとりで突っ走ることがないから精神的な負担が減って余裕が持てる。そうなるとコンディションもね、やっぱり整いやすくなるんですよね。

〝コンディションの調整〟って、要はメンタルコントロールのことなんですが、日本に戻ってからそこをどううまくやるかがずっと課題でした。演技するうえで精神的な負担や不安って邪魔でしかないんです。スポーツをやっているとよくわかるけど、変なプレッシャーや緊張を感じると筋肉が萎縮するので、何百回も練習するより、コンディションをうまく調整する方法を考えるほうが実ははるかに大事なんです。パフォーマンスに影響するメンタルの重要性はバレーボールをやっていたから、体感的に染みついているんですよね。

演技も同じだなってつくづく感じていて、例えばお酒を飲んで、いい感じのほろ酔い加減でリラックスしているときって「このコンディションで、演技ができたらラクだなぁ」と思っちゃうんですよ。「この感じなんだけどなぁ」って。

ある大御所の俳優さんもインタビューで「カメラの前で普通でいられる人間なんていない」とおしゃっていました。そんな人でも緊張するなら、リラックスできる境地にいくことなんて僕には一生無理だと思います。萎縮したままの、バッドコンディションで（本番に）いくしかないときはもう、地獄かと思うぐらいめちゃくちゃ怖いですから。

しかも、そんなときに、前日まで台本にはなかったのに、シーンが始まる直前に「ここ、セリフあります」って変更の紙を渡されるともう、パニックですよ。「うわー、このタイミングか?!」って。でも、そこでオロオロして動揺するわけにもいかないじゃないですか。たいしたことないって顔をして準備している振りをしながら、めっちゃセリフの練習をしますけど、頭の中は「おいおいマジか？　大丈夫なのか？　オレ」って焦りまくっているという（笑）。


ただ、そんな状態でやった演技でも、監督からひと言、「いまのはいいよ」と言われたら、急に安心したりもするんです。そこは前に話した僕の中の〝世界のトップが言ったら正解理論〟で。自信がなくても僕より作品をわかっている監督がいいと言うなら、それが正解だろうって素直に納得する。だから「僕はこう思うんですけど」ということも言わない。実際、そこで大きくズレることもないですからね。

どんなにコンディションがよくても１００パーセント自分の演技に満足することはないだろうと思うんです。必ず1パーセントか2パーセントは「ん？　でも……」という迷いはある。

だったら、客観的に現場やキャストを見ている監督に委ねるのが正解だろうなって思うんですよね。

『チェイス』のときはプロデューサーの方が最初から僕を推してくれていたと聞いていたので、現場に入る前から安心感もあったんです。推してくれた理由は見た目の雰囲気とか外見的なこともあったみたいですが、世間の人たちが僕のことをあまり知らないっていうのがよかったみたいです。むしろ、よくわからないところが新鮮でいいだろうと。

そういった経緯もあり『チェイス』は僕にとって初主演ドラマだったんですけど、主役のプレッシャーはあまりありませんでした。というか僕は元々、そんなに主役にこだわっていないところがあって。もちろん、主役をやりたい気持ちはあるんですよ。そこを目指したいという欲もあるんだけど、演じているときは自分が主役か脇役かって、ほとんど考えていないというか、あまり関係がないんです。

例えば『チェイス』の前に出演した『東京アリス』という配信ドラマは、4人の女性を中心にそれぞれの物語を描いていく内容で、僕は主演の山本美月さんの相手役だったんですね。だから、ポジション的には脇役なんですが、自分が出ているシーンにおいてはいつも自分も主役のひとりだという気持ちで演じていたんです。逆に僕が主演のドラマでも、ほかの人がメインのシーンではその人がそのシーンの主役だと思っていて、そういうワンシーンワンシーンが集まって、ひとつのドラマが作られているという考え方なんです。ちょっと変わっているかもしれませんが。

もちろん、ひとつの作品の主演を張るとなれば絶対的なプレッシャーはあるとは思います。例えば大河ドラマの主役とか、あそこまで大きな作品となると、周りからの圧がすごくて自分だったらすぐ潰れちゃうと思うけど、ほかの役でも演じるための精神的な負担という意味では僕の中であまり変わらない。ほかの役者さんたちがどうなのかはわかりませんが、僕は緊張度や不安度を測る基準が作品や役の大小より、まずは自分に自信があるかないかというところにあって、そちらのほうが比重として大きいんですよね。


その感覚は演技以外の場面でもあるんです。それが顕著に出たのが2017年12月の『Act Against AIDS』。ここで福山雅治さんの『Squall』を韓国語で歌わせてもらったんですけど、本番前にカラオケボックスで練習をしたときも、武道館で1万人を前にして歌ったときも、緊張の度合いがそれほど変わらなかったんです。だから、やはり環境よりも自分ができるかできないかってところに左右されていて、歌がすごくうまかったらどこに行っても緊張しないけど、うまくなければ数人の前でも精神的な負担を感じるんですよね。

韓国の『ルームメイト』で歌ったり踊ったりさせられるのが嫌だったのも多分、そこなんでしょうね。歌や踊りが嫌いなわけじゃないんです。うまくできる余裕がないから嫌なだけで、自信があったら楽しんでやっているんですよ。結局、エエカッコしいなのかもしれない。いいとこを見せたいだけというか、いいとこを見せる自信さえあればどんな状況でも平気だし、そうでなければブレまくるという。すべてはそこにかかっているから、なおさら自分のコンディションのよし悪しが重要になってくるんです。

初主演映画『ゼニガタ』でわかったこと

初めての主演映画『ゼニガタ』の話をいただいたときも、主演だからといって感情が大きく動いたということは本当、正直なくて……。やっぱり少し変ですかね？　そこのところの感情が欠落しているというか（笑）。それよりも早くストーリーを知りたいとか、台本を読みたいという気持ちが強いんですよ。もうひとつは、プロデューサーや監督の、この作品に賭ける熱量や想いもすごく感じました。だから「ぜひ、主演の銭形富男を大谷さんに」と言ってもらえたときは身が引き締まる思いでしたね。プレッシャーを感じるよりも純粋に期待に応えたいって気持ちのほうが強かったんですよ。

銭形はダークヒーローで、ずっと眉間にシワが寄っているような暗い役なんですけど、演じている間は撮影以外でもなるべくそのイメージから外れないようにしようと思っていました。全編、暗いトーンが続くので、その世界観にしっかり馴染みたいというか。トーンや印象を変えずに役として振る舞うことを意識したのは多分、この作品が初めてでしたね、現場にいると自然とそういう気持ちになっていったんです。

そんな僕の振る舞いやカメラ越しの表情を見ながら、監督とプロデューサーが銭形のキャラクターをちょっと変えたらしいんです。直接「変えました」って言われたわけではありませんが、監督が「怖くていかついだけでなく、少し柔らかいものが見え始めたかもしれない」というニュアンスのことを撮影中にちょこちょこ言ってました。撮影の最後にプロデューサーに「どうでした？」と質問したら、銭形はダークな世界にいるけど、僕が演じることでそこに品や優しさ——自分で言うのは気持ち悪いんですけど（笑）——が生まれたみたいなことをおっしゃっていて、僕のそういった部分が見えるような絵作りなり描き方をしてくれたらしいです。

僕は韓国時代からそうでしたが、持ち味みたいなものを自分から発信するというよりは、つねに周りから引き出してもらうことが多い気がします。『ゼニガタ』でも僕のソフトな面がクローズアップされたのは多分、敵対する役のＫＥＥさん（渋川清彦）のキャラクターによるところが大きかったんですよね。

ＫＥＥさんは完全に役に入る方なので、現場でもすごかったんです、殺気が（笑）。実は僕、『ラヴソング』で一回、ＫＥＥさんにお会いしていて、そのときは普通にご挨拶をしているんですけど、『ゼニガタ』では最初に「お願いします」と言葉を交わした以外、最後までずっと話さなかったんですね。それぐらい徹底してやってくれたから、撮影中、僕はＫＥＥさんと対峙するだけでいいというか。とにかく引かないで正面から受ければいいんだという心境になっていて、そんなＫＥＥさんとの対比によって自然に銭形の優しい部分が引き出された気がするんですよ。

ただ、自分としてはもうちょっと銭形の表情に強さや厳しさを出したかったと思っていて。「怖い顔をしよう」とか計算しないで銭形のバックボーンなり心情に自分の気持ちを乗せて、結果、出てくる表情を活かすつもりで演じたんですが、弟役の小林（且弥）くんには「温かい父性を感じた」って言われちゃいまして。「こんなダークな役をやっているのに父性が出ていいのか？」とちょっとね、そこは反省しました（笑）。

この作品は味方と敵のキャストがはっきり分かれている現場でもあったので、撮影以外でも最低限のコミュニケーションはとるけど、それ以上はみんなでワイワイ騒ぐとかそういう雰囲気でもなくて。よく主役の人は現場のムードメイカー的な役割をして盛り上げるって聞きますけど、僕の場合、それをやっても無理が出るので、あえてテンションを上げるとかいつもと違うことはしないようにしていました。

自分からは発信しないという話につながるんですけど、僕はバラエティとかでも前に出るのがやっぱり苦手なんですよ。子どもの頃はガンガン出るタイプだったから、どこかにその要素は持っているんだろうし、そもそも本当に人前に出るのが嫌ならこの世界に入っていないと思いますが、スタンスとしては一歩、引いているほうが合っているんですよね。この性格はもう変えられない。ヘタになんかやろうとしても絶対、ボロが出るし、観ている人にはその痛さがバレて結果、大事故になるのがわかっているので（笑）。

感情をあまり外に出さないようにしているのも、べつに斜に構えてるわけじゃなくて僕がガーッとそれをやったらカッコ悪いだろうって客観的に見てしまうんです。だから、めちゃめちゃ腹が立ってもグッと抑えて穏やかでいようとしてしまう。ただ、それはあくまで「冷静でありたい」という僕なりの目標みたいなもので、実際は全然穏やかな性格じゃないというのが、僕の面倒くさいところで（笑）。むしろ礼儀やマナーにはうるさいほうだから、年下のそんなに親しくない子に「よう、大谷！」なんて馴れ馴れしくされたらもう一発でキレますもん……心の中で（笑）。あと、街中とかで人が大勢歩いている道路のど真ん中で突っ立っている人とかいるじゃないですか。ああいう人にもドロップキックしたくなる……もちろん実際にはしないですが（笑）。

べつに、「礼儀正しくお辞儀は九十度」とか、そんなことを言っているわけじゃないんです。ただ、「おはようございます」や「お疲れさま」をきちんと言うとか、他人に不快感を与えないとか、普通のことができない人を見ると「せめて普通にやろうよ」と思ってイライラしてしまうんです。それが結構ストレスで、寿命が縮んでいるんじゃないかと心配になるぐらいです（笑）。

でも、普通のことを普通にやってくれる人に対してはすごくいい人になるんですよ。というか、僕は賢くはないかもしれないけどすごく人を観察するし、人を見る目だけはあるほうだと思っていて、自分の人間関係にはすごく自信があるんです。社交性もそんなにないし、友達がいっぱいいるわけでもないんですが、自分が信じた人の人柄は自慢できる。家族にも「あんたは人にだけは恵まれている」とよく言われるので、そこは間違いないんじゃないですかね。

『焼肉ドラゴン』に出演できた意味

話が前後しますが『ゼニガタ』の前、去年の春頃に『焼肉ドラゴン』という映画を撮っていたんですよ。僕にとって日本映画初出演の作品になるんですけど、70年代の関西を舞台に小さな焼肉店をやっていた在日韓国人の家族――夫婦とその子どもの三姉妹の物語を描いたストーリーです。日韓のキャストが競演しているということで、いろいろ思うことがあったんですが、朝ドラ『まんぷく』の前にこの映画に出られたことにも大きな意味があったんですよね。

僕が演じたのは三女の不倫相手になる長谷川という役でした。韓国のドラマや映画に日本人役で出ていた自分が、今度は日本の映画の中で〝韓国人の中にいる日本人〟を演じているってことに不思議な巡り合わせを感じたんですよ。韓国にいるときにはまさかこんな日がくるとは予想もしていなかったので胸に迫るものはあった。あと、撮影中は言葉の面で日韓のキャストの仲介役もやっていましたので、橋渡し的なポジションになれることも嬉しかったし、楽しかったんですよね。

ただ、撮影自体は結構、ハードだったんですよ。この作品は元々舞台劇で、監督も舞台をずっとやっていて映画を撮るのは初めての方だということもあり、リハーサルを入念にやるんです。何度も何度も稽古を重ねるだけではなく毎回、本番のテンションを求められる。泣きの芝居の長ゼリフも何テイクもやるから、ベテランの役者さんでも結構、キツそうで「こんなにリハでやったら本番で涙出ないでしょ」と見ている僕もハラハラするぐらい。まぁ、キャストもスタッフもいろいろ大変だったんです。

その中で僕のシーンだけはすんなり終わることが多かったんですよ。演出もあまり入らなくて、やる前に「こうしましょう」と打ち合わせはしましたが、撮影に入ってからやり直しをする場面もほとんどなかった。あまりにアッサリ終わるから「いいのか？　このシーンに監督はこだわりがないのか？」と不安になったりもして（笑）。

あと、キャバレーの店内で大立ち回りになり、僕がそれを右往左往しながら間に入るというシーンがあるんですが、ここはコップとか割れやすいものもいっぱい並んでいるし、その中で結構、危ないアクションもするから念入りにリハをしたんですが、ほぼ一発でＯＫが出たんです。このシーンは最後の撮影シーンだったので終わったときはさすがにホッとしましたけど、ほかのキャストもみなさん「やれやれ、無事に終わった……」という感じだったんじゃないですかね。

この映画は在日の家族がテーマで、父親役をやっている韓国人俳優のキム・サンホさん――

すごく陽気で飲むのが好きな人なんですが、三姉妹の真木ようこさん、井上真央さん、桜庭ななみさんを「家族の輪を掴むため」と言って、ご飯に連れていこう連れていこうするんですよ。でも、僕ら日本人役のキャストはそこに参加させてくれない。「これは〝家族飲み〟だから」って、入れてくれないんです。その中で井上（真央）さんの夫役の哲男を演じた大泉洋さんだけは、劇中と同じようにガッツリ家族の中に入って馴染んでいたのはさすがだなと。本当の家族みたいにまとまっている、その結束感は僕が見てもうらやましかったですよ。入りたいのに入れてもらえない劇中の長谷川の疎外感がすごくわかりました（笑）。

長谷川の役回りも含めて、この映画に僕が出た意味はすごくあるよねってマネージャーとも話していたんです。というのも、高度成長期のこの時代の日本ではおそらく、日本人が在日韓国人の人に結婚を申し込んで、その家庭に入ることは世間的にもかなり厳しいものがあったと思うんですよ。その役を実際に韓国文化の中で生きて、いいところも悪いところも知っている僕が演じるからこそ意味があるんじゃないかと。そこに嘘がないっていうか、ずっと日本にいる俳優さんよりもしかしたら説得力が出るんじゃないかとマネージャーは言っていました。観ている人たちはそこまで考えないとは思いますけど、自分にとっては意味ある作品になりましたね。

この作品のテイストも僕はすごく好きなんです。『ＡＬＷＡＹＳ　三丁目の夕日』みたいな昭和30年代40年代の雰囲気とか、家族の物語には以前から惹《ひ》かれるものがありまして。あの空気感を外から見るだけじゃなくて、現場に立って触れて体感できたのは大きかった。
撮影はロケが少なくて、ほぼスタジオでやっていたので、セットにもものすごく愛着が湧いたんですよね。セットは作り物ですけど、焼肉屋のたたずまいとか店先の雰囲気とか、あの時代の匂いみたいなものをリアルに感じることができて。だから、再開発のために建物が壊されるシーンを撮るために、最後にセットを全部崩すとなったときは、やはり切ない気持ちになりましたね。大変な現場ではあったけど、主人公の在日家族を演じたキャストは僕以上に感慨深いものがあったと思いますよ。

『まんぷく』の撮影に入ったときも「この映画に出演しておいてよかった」とすごく感じたんです。『まんぷく』は『焼肉ドラゴン』より時代設定がもっと前なんですが、テイスト的に通じるものがあって。朝ドラを撮りながらふとこの映画の撮影を思い出したりもして、予習じゃないけど、さきにこの映画の現場を踏んでおいてよかったなと実感したんですよね。

ブレずに走り切りたい『まんぷく』

NHKの朝の連続テレビ小説『まんぷく』の出演が決まったときはもう、シンプルに「嬉しい」という感情しかなかったです。作品や役にあまり左右されないと言いましたけど、やっぱり国民的なものだし、錚々《そうそう》たるキャストが揃っているし……。僕にとってはプラスしかない作品ですから「よし、決まった！」って喜びましたよね。で、最初の嬉しさが落ち着いてくると今度は「運がいいなぁ」という想いがジワジワ湧いてきて。日本に戻ってからわずか2年というキャリアで、朝ドラに出演させてもらえるなんて本当に恵まれているなと改めて思いました。

僕はヒロインの福子の姉・咲の夫、小野塚真一という実在の人物の役です。脚本を手掛けている福田靖さんも僕を推薦してくださったそうです。福田さんには『チェイス』の脚本も書いていただいたんですけど、その打ち上げのときに「大谷さんとは面識がなかったから『チェイス』ではアテ書きができなかった。でも、こうして一回、会ったりおしゃべりしたあとに書くと役のイメージが膨らませやすい」とおっしゃっていて。『チェイス』を観て、素の僕も知って、そのうえでこの役に合っていると思ってくれたわけなんですけど、その経緯を聞いたときもまた不思議な気がしたんですよね。『チェイス』を撮影しているときは、まさか朝ドラにつながるなんて思ってもいないですから、やっぱり運がいいのかなぁと。運だけかよ！って感じですけど。

ちなみに、福田さんは大河ドラマの『龍馬伝』の脚本も書いていらっしゃるので、高知県出身のうちの母は『チェイス』のときからめちゃめちゃ喜んでいまして。朝ドラも「あの福田さん」が脚本を手掛けているということで、僕がドラマに出ることよりそっちに興奮して、テンションがめちゃめちゃ上がっていました。それぐらい、すごく熱いんです、高知の人の福田さん愛って（笑）。

普通のドラマと『まんぷく』の現場の違いを挙げると、まず制作がＮＨＫ大阪なので撮影中に大阪弁が飛び交っていることですかね。それだけでも僕にとっては新鮮で、撮影の場所が母校の近くだったりもするからホームでやっている感覚もあるんです。

東京から新幹線で通って、丸一日まとめてリハーサルをするというスケジュールも初めてなんですけど、韓国で連ドラを撮っていた感じとちょっと似ているんですよね。あのときも月～金曜日まで毎日オンエアしていたから1週分、一気にガーッとリハーサルを1回やったあと、パパパッとセットに入って本番を撮っていくというシステムで、朝ドラも同じなんです。1話ずつリハーサルと本番をしていたら間に合わないので、まとめて撮る仕組みなんですが、そこはほかの連ドラと違っていて独特と言えば独特なんですよね。

朝ドラの撮影は立ち位置までしっかり決まっていて、かなり細かいよと聞いていたんですが、そんなこともなかったですね。「ここで止まって、ここで座ってください」くらいの指示はありますけど、カメラも何台かで撮っていて微妙な調整はしているから、ちょっと立ち位置がズレたからと撮り直しすることもないですし。

僕が演じる小野塚真一に関してはちょっとおもしろい話があって。実在の人なので彼を知っている親族の方に「実際はどんな人だったんですか？」と尋ねたら、「冷たい人」って言っていたらしい（笑）。でも、ドラマの中の真一は証券会社に勤めているエリートで、無口で、感情を表に出さなくて、一見冷たく見えるけど優しさを内に秘めている人で。奥さんの咲さん（内田有紀）への愛情をさりげなく見せるシーンもあって、脚本を読んだときから僕はすぐ「やりたい！」と思いました。

自分に近い部分もあるし、なにより福田さんが僕をイメージして書いてくれているので何も考えずすっと素直に役に入れたんですよね。そう考えるとアテ書きってオーダーメイドの服を着るような感覚に近いのかもしれない。最初からしっくり馴染んでくる感じがあって、セリフの言い回しとかも台本を最初に読んだ瞬間に、話す速度やトーンがインスピレーションでパッとわかるんですよ。

僕は元々、最初にまずポーンと直感で「こうだ」というものが出てきて、あとからそれを「こういう言い方もあるかな」「どっちにしようかな」ってもう一回、意識的に考えて決めていくタイプなんですけど、真一に関しては最初に降りてきたものが役に合っていることが多いんです。まだ途中なのでこれからどうなるかわかりませんが、今のところは監督から変えてほしいという指示もなく結構、すんなりいっているから、とりあえずいい感じなんじゃないですかね。

ただ、周りとのバランスとなると、ちょっと考えるところもあって。ほかのキャストはポンポンとテンポよくセリフをつなげていくんだけど、真一は自分の意見を静かに聞かせるようなタイプだから、会話の輪の中でひとりだけちょっとリズムが違うんですよ。だから、真一らしいペースを守りつつ、でも全体のテンポも崩さないというバランスを意識しながらやっている感じですね。

その中でいつもじゃないけど、自分が思っている枠みたいなところにスポーンとうまくハマる瞬間、いわゆる〝ゾーン〟に入ったような状態になることがあるんです。そのときって時間が止まっているような感覚があって、セリフの間《ま》や動きも自由自在という気分になれる。「ためちゃおうかな、いこうかな」って愉《たの》しみながら考える余裕もあって、でも雑念はゼロ、みたいな状態になる。そこにハマると、演じていてもめちゃめちゃおもしろいんです。

その逆に何をやってもちぐはぐで「ナニやってんだ？　オレ」って、全然ハマってこないときももちろんあるんですよ。でも、連ドラってそのたびに「ストップ！　ストップ！　もう1回！」って止めていられないですから、モヤモヤした中でアジャストさせていかないといけない。それこそ体に合わない服を着ているような違和感を感じたままやっているから、すごく気持ちが悪いんです。そうなってしまう理由が心の弱さなのか、バイオリズムなのかわかりませんが、いずれにせよコンディションの調整がうまくいってないんでしょうね。

いまもうまくいくときと、ちぐはぐになってしまうときと、いったりきたりしながら撮影をやっていますけど、2年前よりうまくハマるときのほうが確実に増えているのは日々、感じるんです。
それを実感し出したのは『ラストチャンス』というドラマで。あのときは大阪弁で怒ったり発散する〝動〟の演技が多かったせいなのか、不安も雑念も一切取り除かれて、演じている間も「うわっ、気持ちいい！」みたいな感覚（笑）。たとえるならリレーでバトンをもらう直前までは緊張しているけど、渡されて走り出した瞬間、一気に解放されてどこまでも疾走していけるような、最高に抜けている状態。この感覚をずっと保てたらおもしろいだろうなぁってすごく思ったんですよね。

でも、この感覚はあくまで僕の自己満足の世界ですよ。観ている人はどんなコンディションでやっているかなんてわからないだろうし、わからせちゃいけないというか。ガッタガタに緊張したり調子が悪くても、いかにそれを芝居に影響させないかというところが大事で。まったく動揺せず普通にやっているように見える役者さんも、仲よくなっていろいろ話したら「いや、あのときはホント、ヤバかった」ということがあるんですよね。

しかも、朝ドラの場合、視聴者の反応を毎日、ダイレクトに受けるから、メンタルの強さも相当じゃないとやっていけない。いまネットでもすぐいろいろ書かれますからね。
そう考えるとプレッシャーはありますけど、「自分にこの役が合っているのか」とか「どう見られてるのか」という考え方が先行したら潰れるなと。批判を気にして悩みながらやり続けて、気づいたら終わっていたとなるのが、いちばん残念じゃないですか。だから、マイナスな感情を取り去って、できればワクワクしながら演じ終えたい。小野塚真一という役を演じるおもしろさとか、朝ドラはキャストが多いのでいろいろな相手役と絡める楽しさとか、そういったものすべてにワクワクできたらいいなと思っています。自分勝手な考えですけど、世間の評価は気にしなくてもいいかなと。こんなに大きな作品を世間の評価を気にせずに楽しむってすごく難しいことですけど、その難しさを越えてこの役に乗っていけたらいいなって。

それぐらい真一はいい役だし、福田さんが愛情を持って書いてくださっていますから、どんどんそのよさを出していけたら僕の中では成功なのかなと。そこだけは最後までブレずに走り切りたいんですよね。

やっとスタートラインに立った気持ち

「次はどんな役を演じたいですか」という質問をよくされるんです。でも正直、特にないんですよね。あまりそこにこだわりがないんですよ。母方の祖父は僕がモデルをやっていた頃から「亮平は絶対、チョンマゲが似合う！　絶対、時代劇がいい！」と力説していましたけど、自分ではよくわからないですし（笑）。

ただ、やってみた結果、予想外にやりやすかった役はありますよ。『目玉焼きの黄身、いつつぶす?』というドラマのときは、ヒッピーみたいな格好をした、すごく変わった役だったのでクランクインからリハーサルまでどうなるんだろうと思っていたけど、とりあえず準備してきたことをポーンとやったら、即OKで。あと『北風と太陽の法廷』というドラマで、テンションの高いアメリカ帰りの弁護士役をやったときも〝NO緊張、NO負担〟でなんの負荷もなくできたんですよ。

だから、何がいいのか悪いのかわからないけど、結局、そこで監督から認められるか認められないかの違いじゃないのかなって思ったりもして。やる前は何が正解か自分ではわからないけど、でも、「いまのよかったよ、そんな感じで」とひと言、言われたら、急にやりやすくなるんですよね。肯定された瞬間、役がすんなり自分に入ってくるから、そこは監督との相性もあるのかなと。そうなると自分ではどうにもできないから、どんな役をやりたいのか考えるのはあんまり意味がないのかなと思ってしまうんですよね。ちょっと逃げかもしれないですが。

作品や役を決めるときも僕は基本、口を出さないです。放棄するというと言い方が悪いけど、ドラマでも映画でもCMでもバラエティでも、仕事のセレクトは全部、事務所に任せています。100パーセント信頼していることが大前提としてあるんだけど、スタッフのほうが絶対、何がいいのかわかっているじゃないですか。だから、衣装とかも「これが着たい」とは言わない。プロデュースという意味では僕より僕をわかっているプロの人たちが「これを着せたい」と思うならそれが正解ですから、たとえとんでもない衣装でもスタッフが持ってきたものなら着るというスタンス。だって、マネージャーにしろスタイリストにしろ、みなさん何年もその仕事をしてきたキャリアのある方たちで、そこに間違いがあったらいまの立場にもいないわけですから、そこは普通に信じていますね。

ほかのことでも、例えば僕と2人のスタッフで何かを決めるとき、僕が「こっちがいい」って言って、あとの2人が「いや、そっちだろう」と言ったら〝そっち〟にします。「〝こっち〟じゃないと嫌だ」と主張するのも大事なんだろうけど、それを言い出すのはもっと先でもいいと思っていて。現状では〝ド芯〟のところ以外は全部、任せて乗っかるようにしています。

でも、任せるのはやっぱり自信がないからだと思います。自分の意見や考え方が絶対ではないと自分がいちばんわかっているので、だったら委ねてしまおうと。もっと生意気なことを言うと、「僕を作ってください」という感覚かもしれない。俳優と事務所ってある意味、プレイヤーとその作り手の関係だと思うんですよ。ロールプレイングゲームのようにこっちはプレイヤーとしてやるから、作り手はうまく操って回してくださいと。そのほうが動くほうも作るほうもやり甲斐があっておもしろいと思うんですよね。

だけど、例えばバレーボールのことや韓国のことを僕よりわかっているような口ぶりで言ってきたら、「おい、違うぞ」ってツッコミますよ。そこはね、経験値の低い人が間違ったことを言ったら黙っていられないですから（笑）。

どんな役者になりたいかとか、役者はこうあるべきというこだわりもないんですよね。「こうでなければ」といった理論は僕の中にまったくない。

強いて言うなら最低限、自然に見えるようにしたいということですかね。そこは僕が言うのもおこがましいんですけど、テクニックでも補えない部分がある気がしていて。どんなに芝居がうまい人でも役によって「合っていなかった」と叩かれることがあるじゃないですか。その一方、セリフは棒読みなのに雰囲気で役が成り立ってしまうこともある。どんな役でもそれを感じさせないスキルを持っている役者さんもいますけど、僕ぐらいの段階では、まず観ている人に違和感を抱かせないことがいちばん大事かなと。そこを前提として、じゃあ、どういうアプローチで役の色を出していくのかを構築していくのが、自分の中の役作りなんですよね。

で、さらに、その先に自分の存在感だったり、オリジナリティだったりが出てくるのが理想だと思います。前にどなたかのインタビューで「自分がその役をやっている意味を、技術ではなく存在感で発信できる俳優でいたい」と、そんな感じの話をしている記事を読んだことがあって、すごく共感できたんです。自分もできればそんな俳優を目指したいなって。

そのためには監督やスタッフに委ねる一方で、どんな役を演じていても「自分はこうだ」という芯を自分の中に持つ必要性をすごく感じています。まだ、その芯は固まっていないんですけど、仕事をしているとそのヒントはもらえることが多々あって。いまは（大谷は）「こういうところがいい」という誰かの言葉だったり、「あの役はよかった」みたいな観ている方の反応だったり、外から受ける刺激を通して自分のどんなところが武器になるのかだんだんと見えてきた段階だと思います。だから、そこをしっかり磨いて「こうありたい」という自分に少しでも近づいていきたいですね。

とりあえず見た目も変えていこうと思って最近、食事制限をして体を絞ったんです。というのも僕、普段は食生活がめちゃくちゃで、放っておくとジャンクフードばかり食べてしまうんですよ。プラスそこにお酒も入ってきますから、見た目はキープできても内臓脂肪がヤバいと思って、とりあえず節制しようかなと。本当にジャンク好きだから、何年かして「どう見られてもいいや」という日がきたら、反動が出てすごい食べてしまうかもしれないですけどね（笑）。

日本に戻ってから2年たって、いろいろな人や作品との出会いを経て、朝ドラに行き着いたと考えると、ひとつの節目を迎えた感はありますけど、僕の中では達成感はまったくないんです。いまはまさに道の途中で必死に走り続けている状態。

だから、家でひとりで酒を飲みながら「はぁ〜」ってため息をついたり、マネージャーにフォローの言葉をかけてもらってツーッと泣きそうになったりすることもたまにあります（笑）。

いまだに撮影の初日は不安だらけですしね。最初のシーンのドライ（リハーサル）なんて

「こいつはどんなもんだ?」って監督や現場のスタッフから厳しい目でジャッジされている気がして、周り全部を敵に感じてしまうんです。で、「よかったんじゃない」って言われてようやくちょっと和んで「味方かな?」と思えるという(笑)。でも、どの作品も後半ぐらいになると「そんな心配する必要なかった」とわかってくるんですよね。「いい人たちばっかりだった」って。なので昔よりはずっと順応しやすくなっていますけど、まだ最初に日本で仕事を始めた頃の「まったくできなかったダメダメな自分」のトラウマが残っていて。スタート時は緊張と不安が条件反射みたいによみがえってくるんですよね。

それは僕がいわゆる逆輸入俳優っていうイレギュラーなケースだったせいもあると思います。日本に戻ったとき35歳だったんですけど、その年齢って10代や20代からやっている俳優さんだったら、キャリア的にベテランですからね。でも僕は新人で、30代半ばでいい年なのにフレッシュって、どうなんだろう?って(笑)。そのポジションの正解がわからないから余計、不安感が増していた気がします。

ただ、僕がこうして仕事を続けていられるのも、そんなイレギュラーなポジションから入ったおかげだという気もするんです。「30代で大人なのに見たことない人が出てきた」という、知っている顔の中にポーンと知らない顔がある物珍しさや話題性に助けられた部分は大きい。というか、もしかしたらこの2年間、なんとかやってこられたのはそこだけだったのかもしれないと思うんですよ。でも、そんな期間限定の強みはすぐに通用しなくなるし、この世界に入ってから15～16年間、「運がいい」とずっと思ってきましたけど、それもさすがにいつか尽きるじゃないですか。そう考えると本当の勝負はこれからだなと。いまやっとスタートラインに立った気持ちなんですよ。

鋤田正義×大谷亮平
撮影バックヤードストーリー

Masayoshi Sukita
Ryohei Otani

2人に共通する「一歩踏み出す勇気」

初主演映画『ゼニガタ』が全国で公開され、大谷亮平が東京・新宿で舞台挨拶に立った2018年5月、鋤田正義の映画も徒歩5分も満たない場所で上映されていた。タイトルは『SUKITA　刻まれたアーティストたちの一瞬』。T・REXやデヴィッド・ボウイ、YMO、忌野清志郎らミュージシャンのポートレート、是枝裕和やジム・ジャームッシュ監督作品のスチールなどを撮影してきた写真家・鋤田正義の軌跡を追ったドキュメンタリー作品である。同じ街の映画館で同時期に「主演」作が公開されていた2人が、被写体と撮影者という立場で出会い、つくり上げたのが本書『日本人俳優』なのである。

鋤田正義、1938年生まれ。大谷亮平、1980年生まれ。写真家と俳優。年齢も職業も異なる2人の間には共通項がある。

鋤田は72年にロンドンに渡り、T・REXやデヴィッド・ボウイ、ロキシー・ミュージックなど、当時グラム・ロックと呼ばれていたミュージシャンたちを撮影している。70年と71年の二度、ニューヨークに滞在した経験がある。

撮影＝宇都宮輝

り、ロックをはじめ映画、演劇、アートなどを含むカルチャーシーンに興味を持った鋤田は、現在よりも海外渡航のハードルが圧倒的に高かった時代に、最先端の文化が生まれつつあった場所に果敢に足を踏み入れた。大谷亮平もまた若き日に海外に旅立っている。高校時代に大阪府代表選抜チームのキャプテンを任されるほどのバレーボール選手だった彼が、自身の力の限界を感じ、大学時代にモデルの道へ。2003年に韓国でCMに出演したことをきっかけに、同国に移り住んだ。

1ドル360円時代の70年代初頭に、たとえ短期滞在でもニューヨークやロンドンに飛び込むのは、2000年代と比較するととてつもなくタフな経験のように思えるが、当時の鋤田の年齢は30代半ば。すでに広告の世界を中心に積み上げた写真家としてのキャリアがあり、その証ともいえるメンズファッション・ブランド「JAZZ」のキャンペーン作品などをまとめたポートフォリオを携えてロンドンに向かった。つまり、日本での確固たるベースがあったうえでの行動だったのだ。一方で大谷亮平は渡韓時に20代前半。海外を視野に入れることが珍しくない時代に入っていたとはいえ、自身のモデル活動歴は浅く、俳優への道も全く未知数の段階で、文化的な情報量も少ない韓国に拠点

を移したわけだから、無鉄砲さ加減では鋤田と同様だったと言っていいだろう。一歩踏み出す勇気、「なんとかなるさ」のポジティブ思考の持ち主だという点で、間違いなく両者からは同じ匂いが漂ってくる。

また鋤田は、帰国後から近年まで、サディスティック・ミカ・バンドやYMO、布袋寅泰など自身と同じように海外を目指すミュージシャンたちを積極的に被写体に選んでいる。ミュージシャンだけではない。先述のドキュメンタリー映画『SUKITA～』には是枝裕和とリリー・フランキーも登場しているが、両氏が監督+主演コンビを組んだ『万引き家族』がカンヌ国際映画祭のパルムドールを受賞したことからもわかるように、映画関連でも海外での評価が高い人々を撮影している。韓国の興行収入記録を塗り替えた『鳴梁』（邦題『バトル・オーシャン 海上決戦』）や『神弓 —KAMIYUMI—』などに出演した大谷亮平を撮影することになったのも、必然だったのかもしれない。

写真家の反射神経、選手の身体能力

撮影場所の候補に挙がったのは、都内某所の体育館。

本書で語られた言葉の端々からも感じ取れるように、大谷亮平はバレーボールに強い思い入れがあり、現在もアマチュア・チームの仲間たちとプレーを続けている。その練習風景を鋤田正義が撮る。スタッフが心配したのは80歳を迎えた鋤田の体調だった。猛暑が続いていた2018年7月、体育館にはクーラーもなく、まさに蒸し風呂状態での撮影になることは容易に予想できたからだ。

　スタッフが「この暑さですし、ボールも飛んできますし、本当に大丈夫でしょうか……」と尋ねると、鋤田は何がそんなに不安なのだろうといった表情で、「僕はスポーツが好きですし、出身校の直方《のおがた》高校はバレーも強かったので（鋤田が高校1年のときに全国大会で優勝）、だいたいの練習の感じは想像がつきます。だから大丈夫でしょう」と答え、撮影は決行されることに。いざ撮影が始まるとスタッフのほうが、流れる汗をぬぐいながら、コートの外に次々とはじき出されるボールから身を守るべく右往左往することになったのだが、カメラを手にし、ファインダーを覗《のぞ》く鋤田正義は微動だにしない。シャッターを押し始めた鋤田の周囲には見えないバリアが張り巡らされているかのごとく、不思議なことにボールは鋤田の半径1m以内に決して入ってこない。その鋤田のたたずまいからは神々しさ

すら感じられた。

　鋤田のアシスタントを長く務めた後に独立、今回はオフショット撮影を担当した宇都宮輝によると「ファインダーの覗いているときの鋤田さんの反射神経は全く衰えていません」とのこと。鋤田自身も「ライブの時にミュージシャンの激しいアクションを撮るとはまた違って、タイミングが難しいねえ」と口にしながら、絶妙なポジショニングでボールを避《さ》けながら、プレーする大谷亮平の姿を楽しそうに追い続けていた。

　撮られる側の大谷亮平はどうだったのか。この日が鋤田と初対面だった彼は、まずバラエティ番組の収録で練習に合流するのが少しだけ遅れたことを詫びつつ、丁寧に挨拶をした。その振る舞いからは、鋤田の輝かしいキャリアへのリスペクトだけではなく、年長者に対する礼儀をごく普通に身につけていることがうかがわれた。プレーの輪に加わってからも、自分の立ち位置によって鋤田が撮影しにくくならないか、何度も尋ねる気配りをみせた。だからといってボールに集中していなかったわけではない。素人目にも大谷のプレーヤーとしての実力が抜きん出ていることが見てとれた。彼が初めてこのチームに参加したのは、韓国に渡る前、無名時代のことだったそうだが、チームメイ

トによると参加当初から「レベルの違う選手」だったという。そのことは、大谷亮平の身体能力、肉体の躍動感をとらえた本書掲載の鋤田作品からも充分に伝わるだろう。

ライフストーリーに寄り添う写真

体育館での撮影は、いわばバレーボールチームをモチーフにしたドキュメンタリーであり、大谷亮平がプレーをする動きに鋤田正義がついていく構図だったが、後日行われたスタジオでのポートレート撮影では、一転して鋤田のディレクションに大谷がどのように応え、その作品世界にどこまで自然に入り込めるのかが鍵になった。

鋤田が手がけた作品の中で最も有名なものの一つに、デヴィッド・ボウイのアルバム『HEROES』（1977年）のジャケット写真があるが、フォト・セッションの過程が伝わるコンタクトシート（撮影されたネガフィルムを密着させてそのままプリントしたもの）を見ると、鋤田がシャッターを押すたびにボウイは自ら様々な顔の表情、手の動きの変化をつけていることがわかる（鋤田曰く「まるでエゴン・シーレの画集に出てくるモデルのような表情と動きを次々としていた」）。今回の撮影でも鋤田は、スーツ

姿の大谷亮平に、ジャケットを脱ぎ、ネクタイを外す動きを繰り返すようにオーダーをし、動作に合わせて表情にも変化をつけることを求めた。

結果、実に表情豊かな大谷亮平をとらえた作品に仕上がった。ボウイと比較するのは無理があるとは思うが、大谷亮平は自分が培《つちか》ってきた演技のカードを最大限使って、被写体としての役割を見事に果たしたと言えるだろう。ここには『ゼニガタ』の銭形富男の過去の重さを感じさせる横顔もあれば、『逃げるは恥だが役に立つ』の風見涼太の爽やかな笑顔もある。『焼肉ドラゴン』の長谷川さんの困ったようなうつむき加減の顔もある。これまで彼が演じてきた男たちが確かに写し出されている。バレーボールの撮影では「俳優以前」の大谷亮平が活かされ、スタジオ撮影ではモデルから俳優へとつながるキャリアが反映されたのだ。

大谷亮平にとって初めての本に、自ら語ったライフストーリーに寄り添う写真を残すことができた。その喜びは、フォトセッションを終えて鋤田とともにカメラの前に並んだショットからも伝わってくるはずである。（編集部）

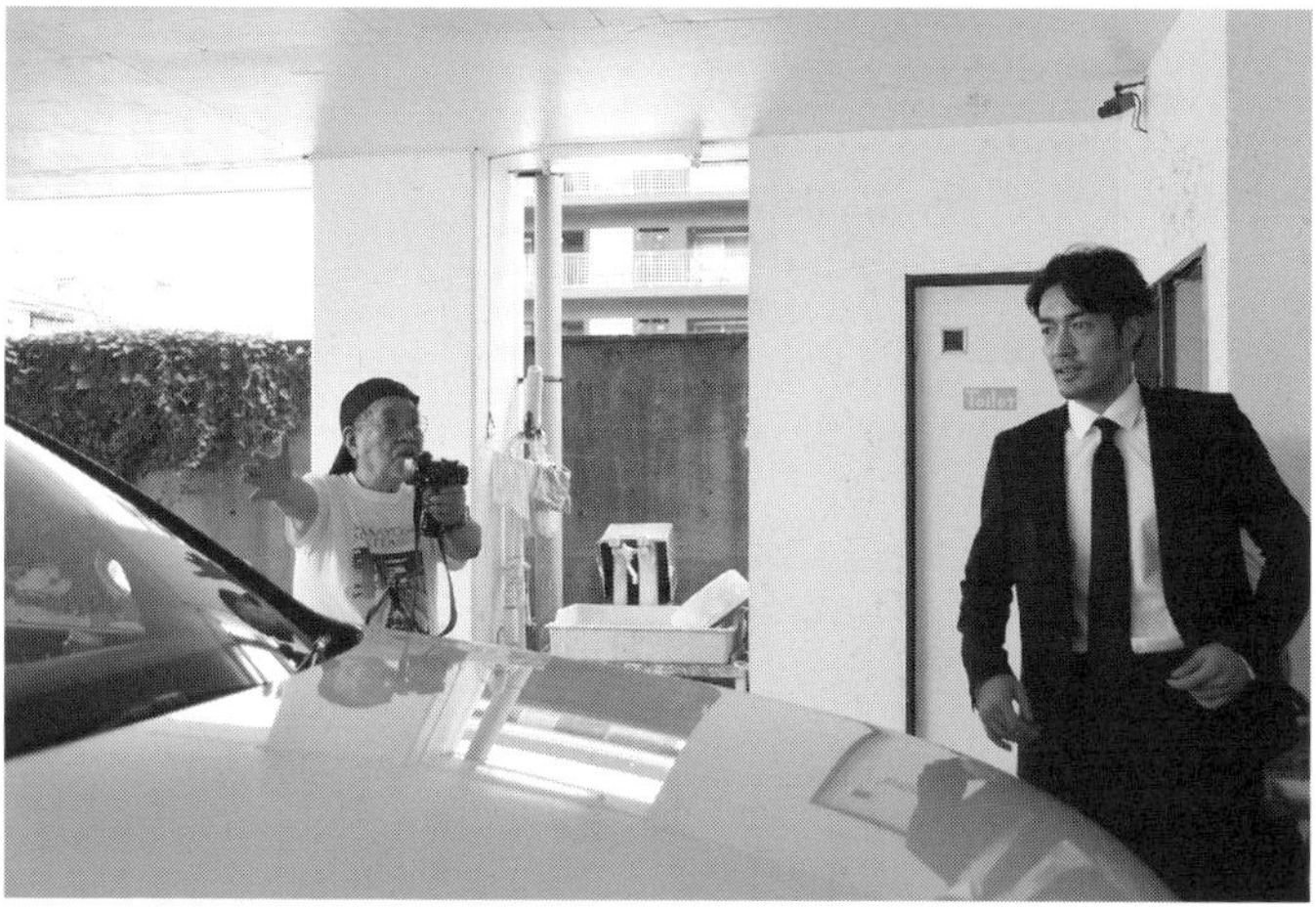

STAFF

Book Design
タカハシデザイン室

Shooting
鋤田正義（鋤田事務所）

Off Shot (p153-159)
宇都宮輝

Styling
伊藤省吾（sitor）

Hair & Make-up
MIZUHO（vitamins）

Cooperation
スーツ（ジャケット、シャツ、パンツ、シューズ）
以上すべて参考商品/ボス（03-5774-7670）

Writing
若松正子

Auxiliary
布施菜子

Artist Management
石田恵利香　山本佳奈（AMUSE Inc.）

Chief Artist Management
阿南史剛（AMUSE Inc.）

Executive Artist Management
納富聡（AMUSE Inc.）

Edit
君塚太　藤田晋二郎（TAC出版）

日本人俳優《にほんじんはいゆう》

2018年9月29日　初版　第1刷発行

著　　者　大谷亮平《おおたにりょうへい》
発 行 者　斎藤博明
発 行 所　TAC株式会社　出版事業部
　　　　　（TAC出版）
　　　　　〒101-8383 東京都千代田区神田三崎町3-2-18
　　　　　電話　03(5276)9492(営業)
　　　　　FAX　03(5276)9674
　　　　　https://shuppan.tac-school.co.jp
印　　刷　株式会社　光邦
製　　本　東京美術紙工協業組合

ISBN978-4-8132-7912-9
N.D.C.914